GALATAPORT 7
Der neue Kreuzfahrthafen mit seinen schicken Geschäften, Restaurants und Museen – für jedermann zugänglich.

➤ S. 48

KADIKÖY 8
Bunt, modern und quirlig: Der asiatische Stadtteil mit vielen Geschäften, Cafés, Kneipen und Märkten ist einen Besuch wert.
Tipp: Einer der schönsten Fischmärkte İstanbuls mit offenen Ständen

➤ S. 57

BOOTSFAHRT ÜBER DEN BOSPORUS 9
Den Bosporus einmal nach ganz oben und zurück: İstanbul in seiner ganzen natürlichen und architektonischen Pracht.
Tipp: Die großartigen Villen aus Holz direkt am Bosporusufer sind nur vom Boot aus zu sehen.

➤ S. 59

PRINZENINSELN 10
Wandern, Rad fahren, schwimmen gehen und exzellent essen: eine Oase der Ruhe.
Tipp: Die Inseln sind voller Katzen, die sich gerne fotografieren lassen.

➤ S. 60

INHALT

**BESSER PLANEN
MEHR ERLEBEN!**

**Digitale Extras
go.marcopolo.de/app/ist**

⏲	Besuch planen	☂	Bei Regen
€–€€€	Preiskategorien		Low Budget
			Mit Kindern
			Typisch

(🗺 A2) Herausnehmbare Faltkarte
(🗺 a2) Zusatzkarte auf der Faltkarte
(0) Außerhalb des Faltkartenausschnitts

IST
AN
BUL
INSIDER-TIPP
Deine Abkürzung ins Erleben!
Reisen mit MARCO POLO
Insider-Tipps

MARCO POLO TOP-HIGHLIGHTS

TOPKAPI-PALAST ★1
Ein grüner Hof nach dem anderen und herrlich geschmückte Portale: Der Topkapı-Palast und sein Harem sind unvergesslich.

➤ S. 31

ARCHÄOLOGISCHE MUSEEN ★2
Eine Reise durch vergangene Jahrtausende: Von der Prähistorik über die Griechen und Römer bis ins osmanische Zeitalter.

➤ S. 34

HAGIA SOPHIA ★3
Immer noch die höchste Kuppel der Stadt: Der byzantinische Bau mit dem grandiosen Interieur lässt den Atem stocken.
Tipp: Bei Sonnenaufgang fällt das Licht ganz besonders auf die gelbliche Fassade.

➤ S. 34

YEREBATAN-ZISTERNE ★4
Erkunde bei klassischer Musik die riesige unterirdische Säulenhalle, in der noch Fische herumschwimmen.
Tipp: Der Medusa-Kopf am Ende der Zisterne ist großartig!

➤ S. 36

BLAUE MOSCHEE ★5
Die feinen Kacheln machen's: Die Sultanahmet-Moschee ist ein Meisterwerk der sakralen muslimischen Architektur (Foto).

➤ S. 37

GROSSER BASAR ★6
Eine unerschöpfliche Fundgrube – vom orientalischen Schnäppchen über wertvolle Antiquitäten bis zu billigen Souvenirs.

➤ S. 42

DAS BESTE ZUERST

In der Dämmerung besonders prächtig: die Hagia Sophia

BEST OF

BEI REGEN

SCHÖN, AUCH WENN ES REGNET

HAUPTSACHE ÜBERDACHT

Bei Dauerregen der beste Platz für eine Pause: der älteste seiner Art in der Stadt, der *Große Basar*. Er bietet nicht nur Geschäfte ohne Ende, sondern auch klassische und moderne Kaffeehäuser und Restaurants.

➤ S. 85, 42

BEI DEN KATZEN SITZEN

Bei Regen gilt es, den Autoverkehr zu meiden. Dann setzt man sich in eine Fähre und gleitet hinüber zur asiatischen Seite, wo Busse den Bosporus hochfahren. Im pittoresken Ort *Kuzguncuk* gibt es viele Cafés, in denen man zusammen mit den Katzen auf die Sonne warten kann (Foto).

➤ S. 59

FUSSBALL SCHAUEN IM TROCKENEN

Auch wenn du kein Fußballfan bist, die İstanbuler sind es mehrheitlich. Das gemeinsame Fußballerlebnis wird mit südländischem Enthusiasmus zelebriert. Dem an großen Bildschirmen beizuwohnen, zum Beispiel im Restaurant *Çarşı Rakı Balık*, ist besser, als im Stadion nass zu werden.

➤ S. 73

SINGING IN THE RAIN

Wer bei Regen keine Angst hat, nass zu werden, geht einfach baden: im nächsten *Hamam*. Man legt sich hin, schwitzt, wird gewaschen und massiert und zu guter Letzt kühlt man sich auf einer Liege bei frischer Limo ab.

➤ S. 106

MYSTISCHER TEEGARTEN

Die meisten Teegärten sind nicht überdacht oder werden trotz Sonnenschirmen nass. Im Hofgarten der *Çorlulu Ali Paşa Medresesi* bleibt es unter festen Dächern trocken. Hier scheint die Zeit stillzustehen – gerade wenn der Regen prasselt.

➤ S. 66

BEST OF

LOW-BUDGET

FÜR DEN KLEINEN GELDBEUTEL

PREISWERTER FISCH

Wer echten Bosporus-Fisch preiswert auf dem Teller serviert haben möchte, fährt ein Stück am europäischen Ufer hoch: Das Fischlokal *Adem Baba* in Arnavutköy ist so beliebt, dass man manchmal für einen Tisch anstehen muss – es lohnt sich!

➤ S. 55

HAUS DER KÜNSTLERISCHEN AVANTGARDE

Das *SALT* ist die angesagteste Adresse der İstanbuler Kunstszene. Im prachtvoll restaurierten Haus der alten Osmanischen Bank findest du verschiedene Ausstellungen – inklusive WLAN und Arbeitsplatz, ganz umsonst (Foto).

➤ S. 46

HOCH ÜBER DEM GOLDENEN HORN

Die *Patriarchatskirche* in Fener ist ein guter Ort, um dem alten Byzanz nachzuspüren. Der Backsteinbau thront imposant über dem Goldenen Horn und kann kostenlos besichtigt werden.

➤ S. 120

LANGER FREITAG IM MUSEUM

Der Eintritt zum kleinen, aber sehr feinen *Pera-Museum* ist freitags zwischen 18 und 22 Uhr kostenlos. Das Museum hat eine orientalistische Gemäldesammlung und wechselnde Ausstellungen moderner Künstler.

➤ S. 50

KOSTENLOSES SURFEN

IBB WiFi heißt das Netz, mit dem du an vielen Orten in İstanbul kostenlos surfen kannst. Zentrale Plätze, wichtige Alleen, Busse, U-Bahnstationen und viele andere Orte sind damit ausgestattet. Jeder Nutzer verfügt täglich über ein Kontingent von 1 GB, das er ausschöpfen kann.

➤ S. 133

BEST OF MIT KINDERN

SPANNENDES FÜR GROSS & KLEIN

SULTANSBARKEN BESTAUNEN

Im *Schifffahrtsmuseum* sind erstaunliche Originale von prächtigen Ruderbooten und Modelle von Schiffen aus der zivilen und militärischen Seefahrt ausgestellt. Sie geben einen Überblick über das menschliche Abenteuer auf dem Meer.

➤ S. 52

AUF DIE BURGMAUER KLETTERN

Die *Festung Rumeli* auf der europäischen Seite des Bosporus diente dem osmanischen Herrscher Mehmet II. bei der Belagerung Konstantinopels als wichtiger Stützpunkt. Kids haben hier großen Spaß, auf der ausgedehnten Anlage zu spazieren, auf die geschützten Burgmauern zu klettern und sich auf dem Rasen auszutoben.

➤ S. 55

SPIELPLATZ MIT AUSSICHT

Auf der Landzunge *Moda* bei Kadıköy gefällt es Kindern besonders gut: Zahlreiche Waffel- und Eisdielen, ein hübscher Abenteuerspielplatz und für Eltern das Beste: Im Teehaus sitzend kann man die spielenden Kinder gut im Blick behalten.

➤ S. 57

AB ZUM STRAND, REIN IN DEN POOL

Es ist heiß und du möchtest am liebsten der Stadt entfliehen? Die *Strände* rund um İstanbul und die herrlichen *Schwimmbäder* im Freien bieten da Abhilfe: schnell erreichbar und bis in den Herbst hinein geöffnet (Foto).

➤ S. 106

FAHRRADTOUR DURCH DEN WALD

Auf den verkehrsberuhigten Inseln vor der Stadt kannst du mit den Kids auf eine ausgedehnte Radtour gehen. Anschließend locken Waffeln, Eis und das Meer.

➤ S. 60

BEST OF

TYPISCH

DAS ERLEBST DU NUR HIER

DIE İSTIKLAL RAUF UND RUNTER
Die *İstiklal Caddesi* ist die verkehrsberuhigte Allee, die vom Taksim-Platz hinunter zum Hafen führt. Mit ihren Geschäften, Cafés und Restaurants, Kirchen, Museen und Buchläden ist sie voller Leben – ein Genuss, hier bummeln zu gehen (Foto).
➤ S. 50

RUND UM DIE WUNDERSCHÖNE MOSCHEE
Um die *Blaue Moschee* herum ist es immer lebendig: Nicht nur die abendliche Lichtshow im Sommer, sondern auch einfach hier zu sitzen und dem Treiben zuzuschauen.
➤ S. 37

BRÜCKE ZWISCHEN DEN GEGENSÄTZEN
Die *Galata-Brücke* ist die symbolische Mitte İstanbuls. Nirgends wird die Verbindung von Alt und Neu, Orient und Okzident für Besucher so anschaulich wie hier. Der Blick von den Kneipen unter der Brücke auf Topkapı und den Schiffsverkehr ist sehr schön.
➤ S. 39

ORIENTALISCHE SCHLEIERTÄNZE
Die tanzende Schöne hinter dem Schleier ist das Orient-Klischee par excellence. Aber wer will nicht einmal einen Bauchtanz von hoher Qualität sehen? Im *Kervansaray* ist das möglich.
➤ S. 99

MIT DEN FRACHTCONTAINERN AUF DU UND DU
İstanbul ist die einzige Weltstadt, wo sich der rege, kommerzielle Schiffsverkehr kilometerlang mitten durch die Stadt hindurchzieht. Dabei im *Pool Çırağan Kempinski* zu baden und dem direkt vor der Nase vorbeifahrenden Fracht- oder Passagierschiff „Ahoi!" zu sagen, das ist nur hier möglich.
➤ S. 107

SO TICKT İSTANBUL

Rund um die Galata-Brücke gibt es auch schwimmende Fischrestaurants

Deniz
Yıldızı
Bismillahirrahmanirrahim

ENTDECKE İSTANBUL

Da war sie noch Museum: die Hagia Sophia mit muslimischer wie christlicher Symbolik

Wer am frühen Abend auf einer Dachterrasse über dem Bosporus sitzt, dem bietet İstanbul ein einmaliges Schauspiel: Die Sonne versinkt langsam im Goldenen Horn, das jetzt seinem Namen alle Ehre macht. Die Silhouette der Hagia Sophia verschwimmt in der Dämmerung, von überallher schallen die Rufe der Muezzine. Jede berühmte Stadt zeichnet sich durch eine unverwechselbare Erinnerung aus – In İstanbul ist es der Sonnenuntergang vor einer einzigartigen Kulisse.

Besinnliche Momente am Meer machen es jedem Besucher leicht, die alte, aber immer noch wunderschöne Dame İstanbul mit einem liebenden Auge zu betrachten. Mitunter ist das auch nötig, um über ihre chaotischen Seiten hinwegsehen zu können. Leicht verliert man hier den Überblick – zum einen wegen der

657 v. Chr. Griechische Kolonisten gründen eine erste Siedlung an der Spitze der Halbinsel und nennen sie Byzanz

330 Aus Byzanz wird Konstantinopel, später Hauptstadt von Ostrom, das gut 1000 Jahre existieren wird

380 Kaiser Theodosius erklärt das Christentum zur Staatsreligion und ordnet den Bau der heute noch existierenden Stadtmauer an

550 Kaiser Justinian läßt die Hagia Sophia bauen

schieren Größe, zum anderen, weil İstanbul lange planlos den Launen seiner inzwischen auf fast 16 Mio. Einwohner angewachsenen Bevölkerung überlassen wurde. Das änderte sich, als die Regierung und auch die Kommune in den letzten zehn Jahren beschlossen, viel Geld in die Restaurierung der wichtigsten historischen Bauwerke und gleichzeitig in eine moderne Verkehrsinfrastruktur zu investieren. Die Hagia Sophia, einstmals die größte Kirche der Christenheit, der Topkapı-Palast, mehrere Jahrhunderte lang Sitz des Sultans, und die großen Moscheen – die weltberühmten Monumente erstrahlen in neuem Glanz. Zudem entwickelt die Stadt endlich ein Bewusstsein für ihre Historie: Ihre griechisch-byzantinische Vergangenheit ignoriert sie nicht mehr, sondern zeigt sie vor. In unmittelbarer Nachbarschaft der Hagia Sophia legten Archäologen die Überreste des byzantinischen Kaiserpalasts frei und am Marmara-Meer wurde während der Arbeiten an einer neuen U-Bahn der älteste Hafen der Stadt wiederentdeckt. An dieser Stelle der historischen Halbinsel hatten Abgesandte der damaligen griechischen Seemacht Megara 658 v. Chr. die Siedlung Byzanz errichtet und damit den Grundstein der heutigen Stadt gelegt.

STADT DER GEGENSÄTZE – FREMD UND DOCH VERTRAUT

İstanbul platzt aus allen Nähten – und bleibt für die Besucher dennoch überschaubar: Hauptanziehungspunkt sind die historischen Bauten und Museen auf der historischen Halbinsel Sultanahmet. Hier tummeln sich mittlerweile mehr

1453 Konstantinopel wird von den Osmanen erobert und neue Hauptstadt ihres Reiches

1923 Die Türkei wird zur Republik und Ankara neue Hauptstadt

1970–90 Bevölkerungsexplosion durch Binnenmigration – İstanbul erreicht die 10-Millionen-Grenze

2022/23 Die Türkei verhält sich im Ukraine-Krieg neutral und lässt die Schiffe beider Seiten passieren

2024 Kommunalwahlen bestimmen über die Zukunft der Stadt

Touristen aus Asien als Europäer – und alle genießen die Freiheit, die die moderne Metropole ihnen bietet. Wie in allen touristischen Hochburgen verlassen Einwohner wegen steigender Mieten das Zentrum und aus Wohnvierteln werden Hotelgebiete, das Geld regiert auch İstanbul. Und es wird für die Besucher immer wichtiger, neue Pfade zu erkunden. Kenner bevorzugen die entfernteren Ecken auf beiden Seiten des Bosporus, machen einen Abstecher ins Umland oder genießen einfach das gute Essen am Meer. Besucher aus Deutschland fasziniert dagegen gerade die charakteristische Mischung aus Orient und Okzident: moderne Shoppingmalls neben jahrhundertealten Basaren, Hochhäuser zwischen altosmanischen Holzbauten, Minirock neben Schleier – nirgendwo ist der Ost-West-Mix so sichtbar wie in dieser Stadt. Große Gegensätze wie das ganz und gar europäisch geprägte Beyoğlu und das nur wenige Kilometer entfernt liegende islamisch-fromme Fatih sind in dieser Form tatsächlich nur hier zu finden. Die alten Griechen kannten ein Wort, das dieses Verhältnis beschreibt: paraxenon – beinahe fremd, aber dennoch irgendwie vertraut.

EINE UMWERFENDE DYNAMIK

Besonders auffallend in İstanbul ist auch die sehr junge Bevölkerung. Das Leben pulsiert, die Dynamik der Stadt ist für jeden Besucher spürbar. Für Reisende aus Westeuropa und besonders aus Deutschland hat İstanbul aber noch einen anderen Reiz: Sie lernen eine neue Türkei kennen. Wer erwartet, hier eine etwas größere Version der türkisch geprägten Stadtteile in Berlin oder anderen deutschen Großstädten zu finden, wird überrascht sein: İstanbul verkörpert ein aufstrebendes und sich in Windeseile modernisierendes Land. Die Stadt übertrifft in ihrer Größe jede deutsche Metropole, sie ist teilweise sehr reich und sie ist längst zu einem überregionalen wirtschaftlichen und kulturellen Zentrum geworden.

Bereits die ca. 10- bis 15-minütige Bootsüberfahrt von Europa nach Asien vermittelt einen Eindruck von der Vielfalt und atemberaubenden Mischung, die İstanbul zu bieten hat. Man muss den Kopf nur leicht wenden, um wenige Kilometer entfernt von der eindrucksvollen orientalischen Kulisse mit dem Topkapı-Palast, der darüber thronenden Hagia Sophia und einem ganzen Wald von Minaretten die Bürotürme von Levent in den Blick zu bekommen. Die erste Hängebrücke über den Bosporus ist ein weiteres Wahrzeichen der Moderne. Nur wenige Kilometer davon entfernt steht der historische Leander-Turm im Meer.

İSTANBULS BUNTE MISCHUNG

Weit größer als İstanbuls architektonische Vielfalt ist die Vielfalt seiner Bewohner. Über Jahrhunderte wurde die Nase zwischen Bosporus und Marmara-Meer immer wieder von neuen Gruppen erobert und geprägt. Griechen und Römer, Perser und Kreuzritter, Tataren und Türken haben ihre Spuren hinterlassen. Nachkommen der Untertanen aus allen Teilen des Osmanischen Reichs leben

Es muss nicht immer Tee sein – auch frische Säfte schmecken in İstanbul

heute in İstanbul. Seit byzantinischer Zeit gibt es Niederlassungen der Venezianer und Genuesen. Die Nachfahren der 1492 aus Spanien vertriebenen sephardischen Juden versuchen, ihre alte Kultur beizubehalten.

Vier von fünf Einwohnern İstanbuls sind erst in den letzten 50 Jahren aus Anatolien gekommen. Noch Mitte der 1960er-Jahre lebten hier nur 2,5 Mio. Menschen. Größtenteils war das asiatische Ufer bewaldet, diente als Weideland oder bot Platz für Sommerhäuser im Grünen. Heute ist es ebenso dicht bebaut wie die europäische Seite, auf der die Stadt vom Meer weg nach Norden wucherte. Mittlerweile ist der Zuzug etwas abgeflaut, die Infrastruktur der Zahl der neuen Bewohner angepasst. Die Stadtregierung will durch ambitionierte Projekte das Verkehrschaos beenden: Unter dem Bosporus wurde ein Tunnel gebaut und damit der jahrhundertealte Traum einer Bahnverbindung zwischen Europa und Asien realisiert. Statt viel Zeit auf einer Fähre oder im Stau auf der Bosporusbrücke zu verbringen, fährt man nun in vier Minuten von Kontinent zu Kontinent. Etliche weitere U-Bahn-Linien, Straßenbahnen und unterirdische Seilbahnen haben das Vorankommen in der Stadt wesentlich erleichtert. Außerdem wurde für den Fernverkehr eine dritte Brücke über den Bosporus gebaut und 2019 ging der neue İstanbuler Großflughafen in Betrieb. Der Flughafen wurde nord-

INSIDER-TIPP
Unterm Meer zum nächsten Kontinent

westlich der Stadt, nahe dem Schwarzen Meer, gebaut. Er soll mit einer Kapazität von bis zu 150 Mio. Passagieren jährlich zu einem der größten Luftkreuze der Welt werden.
İstanbul besteht heute aus drei Zentren. Sultanahmet, wo die Hagia Sophia thront und die Blaue Moschee ihre sechs Minarette in den Himmel reckt, ist der historische Kern. Wie in jeder viel besuchten Weltstadt ist dieses Gebiet, einschließlich des Topkapı-Palasts und des Großen Basars, die touristische Zone. Das zweite Zentrum liegt am Westufer des Bosporus nördlich des Goldenen Horns und ist mit seinen Hochhäusern und schicken Wohngebieten stark europäisch geprägt. Mit dem Herzstück Taksim erstreckt es sich zwischen Karaköy und Maslak und ist bereits durch eine U-Bahn erschlossen. Der dritte wichtige Bezirk ist die asiatische Seite der Stadt. Am Bosporus und an der Bagdad-Allee, die sich oberhalb des Marmara-Meers von Kadıköy bis Bostancı und noch weit dahinter kilometerlang hinzieht, liegen die schönsten Cafés und Geschäfte der Stadt.

DIE WINDE PRÄGEN DIE STADT

Die Natur prägt das Leben in İstanbul aber auch in anderer Hinsicht. Deniz, das Meer, hat unmittelbaren Einfluss auf das Klima der Stadt. Die Fischer kennen seine mitunter mehrmals am Tag wechselnden Winde am besten. Mit den Strömungen ziehen abwechselnd Seebarsch- oder Sardinenschwärme durch die Meerenge. İstanbuler lieben den *poyraz* aus dem Nordosten und hassen den *lodos* aus dem Süden – bei *poyraz* wird es zwar etwas kühl, aber die Luft ist so rein, dass jedes Detail am anderen Ufer sichtbar wird. Bei *lodos* hingegen strömen schlagartig Wärme, Regen, Nebel und Smog herbei.
Es wird zwar viel von ökologischem Bewusstsein geredet, aber İstanbul kann sich noch nicht so recht darauf einlassen. Angeheizt durch einen enormen Immobilienboom wurde jede verfügbare Fläche in der Innenstadt zugebaut. Historische Viertel müssen Luxusobjekten weichen, innerstädtische Grünflächen sind rar. Und selbst die Wälder am Stadtrand sind bedroht. In Waldgebieten, die eigentlich nicht bebaut werden dürften, entstehen *gated communities*, abgezäunte Wohnanlagen mit Wachschutz. Für die dritte Brücke über den Bosporus hat man Autobahnschneisen durch die Wälder schlagen müssen. Es regt sich allerdings auch Widerstand: Gegen all diese Entwicklungen protestieren engagierte Bürgerinitiativen.
Doch auch das wird nur eine Fußnote in der Geschichte der Metropole bleiben. Von Byzanz über Konstantinopel bis İstanbul hat diese Stadt mehr Aufs und Abs erlebt als die meisten anderen. Und dass der Republikgründer Kemal Atatürk nicht sie, sondern Ankara zu seiner Auserwählten machte, hat die Grande Dame souverän gemeistert. Ihre Vitalität ist wieder erwacht. Heute besitzt Ankara zwar das Etikett, aber İstanbul die meisten Attribute einer Hauptstadt. Hier sitzen Geld, Intelligenz, Kunst und Medien. Längst gilt wieder der selbstbewusste Spruch: Das Schönste an Ankara ist der abendliche Rückflug nach İstanbul.

AUF EINEN BLICK

15,9 MIO.
Einwohner

Berlin: 3,7 Mio.

31,2
Jahre Altersdurchschnitt

42,7 Jahre in Berlin

12 000 €
Pro-Kopf-Einkommen

Türkei gesamt: ca. 8500 €

5461 km²
Fläche der gesamten Metropolregion

Saarland: 2571 km²

HÖCHSTE ERHEBUNG

537 m
Aydos-Hügel (Kartal)

WÄRMSTER MONAT

JULI
36,9 °C

BELIEBTESTE REISEMONATE

Mai/Juni und September/Oktober

HAGIA SOPHIA

Höchste Kuppel: 55,6 m
Petersdom 136 m

BOSPORUS
31 km LÄNGE

Nord-Ostsee-Kanal 95 km,
Panama-Kanal 163 km

BERÜHMTESTER SOHN DER STADT: Orhan Pamuk (Schriftsteller)

ÄLTESTES BAUWERK
ÄGYPTISCHER OBELISK
1450 V. CHR.

İSTANBUL VERSTEHEN

WASSER VERBINDET – DER BOSPORUS

Gut 31 km lang schlängelt sich die Meerenge durch die Metropole – ein Segen. Denn sie bringt immer frische Winde und sorgt für einen herrlichen Blick aufs Meer. Doch der Bosporus hat auch seine Tücken. Das Wasser strömt an der Oberfläche vom Schwarzen Meer ins Marmara-Meer, in der Tiefe aber genau andersherum. Das sorgt für schwer berechenbare Strömungen und macht die Fahrt durch die Meerenge für Kapitäne und Lotsen zu einem Abenteuer. Andererseits sorgt die starke Strömung dafür, dass das Wasser so sauber ist wie in kaum einer anderen Weltmetropole am Meer.

Für alle Bewohner rund um das Schwarze Meer ist der Bosporus das Tor zur Welt. Täglich durchqueren rund 140 Schiffe die Meerenge, darüber hinaus sorgen zahllose Fähren und Motorboote für eine schnelle Überfahrt (je nach Anlegestellen 10 bis 15 Minuten). Schon die Griechen gründeten am Bosporus 658 v. Chr. eine Siedlung, um den Schiffsverkehr zu kontrollieren und Zölle zu erheben. In den letzten 2500 Jahren wurde immer wieder um die Kontrolle des Bosporus gekämpft. Erst 1936 regelte das internationale Abkommen von Montreux endgültig die Durchfahrtsrechte.

JAMES BOND IN DER STADT

Im Auftakt zu „Skyfall" rast Daniel Craig als 007 mit einem Motorrad über die Dächer des Großen Basars. Das Team hatte eine besonders ausgefallene Szenerie gesucht und sie in İstanbul gefunden. Es war nicht das erste Mal, dass die Stadt am Bosporus zur Kulisse in einem Film wurde. In dem Bond-Thriller „Die Welt ist nicht genug" spielte das Finale im Leander-Turm, einem der Wahrzeichen der Stadt auf einer winzigen Insel am Eingang des Bosporus. Nur mit knapper Mühe konnte der englische Spion damals verhindern, dass die Stadt durch eine Atombombe ausgelöscht wird. Ganz so dramatisch geht es in anderen Filmen, die in oder über İstanbul gedreht werden, nicht zu. Seit einigen Jahren ermittelt Erol Sander für die ARD als Mehmet Özakin in der Mordkommission İstanbul. Auch Fatih Akın lässt einige seiner Filme ganz oder teilweise in İstanbul spielen, vor allem der Dokumentarfilm über die İstanbuler Musikszene „Crossing the Bridge" ist eine Hommage an die Stadt. Ist İstanbul schon in internationalen Produktionen eine gefragte Kulisse, so haben hier gedrehte Soap-Operas vor allem in den arabischen Ländern geradezu Kultstatus. Die Popularität dieser Serien im arabischen Raum speist sich angeblich daraus, dass die Frauen in den İstanbuler Produktionen wesentlich emanzipierter auftreten, als das arabische Fernsehen es den Frauen normalerweise zugesteht. Das Ergebnis ist, dass İstanbul immer mehr zu einem Magnet für Touristen aus arabischen Staaten wird.

Nach einem „köy" (Dorf) sieht das moderne İstanbul schon lange nicht mehr aus

VERTREIBUNG UND MODERNISIERUNG

Wie in vielen anderen Weltmetropolen auch existiert in İstanbul ein Immobilienboom. Alte Viertel werden abgerissen, moderne und erdbebensichere Wohnungen und Bürohäuser schießen wie Pilze aus dem Boden. Mit seinem „Museum der Unschuld" hat der Schriftsteller Orhan Pamuk dem alten İstanbul ein kleines Denkmal gesetzt. Inwieweit der Bauboom der historischen Silhouette der Stadt schadet, ist hier ein alltägliches Diskussionsthema. Die Preise steigen wie in so vielen Metropolen. Das hat zur Folge, dass ärmere Schichten das Zentrum verlassen müssen, weil sie die Mieten nicht mehr zahlen können. Andererseits warten viele Wohn- und Bürohäuser auf Käufer. Trotzdem ist İstanbul, auch wenn viele seiner Stadtteile noch auf „köy" (Dorf) enden, eine echte Metropole im Umbruch. In der Peripherie entstehen immer weiter neue Stadtteile mit eigenen Zentren. Man darf gespannt sein, wohin die Reise geht.

GLAUBEN UND NICHT GLAUBEN

Die große Mehrheit der İstanbuler sind sunnitische Muslime. Für sie gelten die fünf Pfeiler des Islams, darunter das fünfmalige Gebet am Tag, das Fasten im Ramadan und die Armenhilfe *(zekat)*. Beim gemeinsamen Freitagsgebet *(cuma)* quellen die Gotteshäuser buchstäblich über. Die alevitische Minderheit geht nicht in die Moschee, sondern in eigene Ge-

Reges „Street Life" in eher konservativen Vierteln wie Balat oder Fener

meindehäuser *(cemevi)*, und hat andere Fastenregeln.

Für die westlich orientierten Türken waren sichtbare religiöse Praktiken ab 1923 verpönt. Die Säkularisierung in den Großstädten griff jedoch nicht auf das Land über. Die Menschen, die aus Anatolien zuzogen, wurden umso konservativer, je weniger sie sich in İstanbul dem modernen Leben anpassen konnten. Eine islamistische Bewegung nahm sich in den 1980ern dieser verunsicherten Wählerschaft an und kam schließlich 2002 an die Macht. Seit der Wahl Recep Tayyip Erdoğans zum Präsidenten 2014 schreitet die Spaltung der Gesellschaft voran. Die Kommunalwahlen 2019 brachten eine erste Wende. Die Mehrheit der İstanbuler sehnt eine neue, jüngere und demokratischere Alternative herbei.

SCHWINDELERREGENDES MULTIKULTI

Die Türkei entdeckt ihr multikulturelles Erbe neu. Der aufgrund des Abkommens von Lausanne 1923 beschlossene und in den darauffolgenden Jahren durchgeführte Bevölkerungsaustausch mit Griechenland hatte zur Folge, dass 1,25 Mio. Griechen auswandern mussten. Nach der Gründung Israels verließen in den 1950er-Jahren einige Tausend Juden das Land – sie waren Nachfahren der 1492 aus Spanien vertriebenen Sephardim. Andere aber blieben: Jüdische Geschäftsleute wie der Elektrowarenhersteller Ishak Alaton oder der

Modezar Vitali Hakko (mit dem Modelabel Vakko) prägten das Gesicht İstanbuls. Die Armenier von İstanbul waren zwar von der Vertreibung 1915 ausgenommen, viele ihrer Kinder emigrierten jedoch nach und nach in den Westen. Heute leben ca. 60 000 alteingesessene und über 10 000 neu eingereiste Armenier in der Stadt. Zu den alteingesessenen Griechen, Armeniern und Juden gesellten sich im vorigen Jahrhundert andere: Die Weißrussen flohen in den 1910ern vor der Oktoberrevolution, die Polen vor der Monarchie und Deutsche und Österreicher später vor Hitler. Alle haben in İstanbul ihre Spuren hinterlassen. Vor allem die Kirchen und Synagogen zeugen davon. Auch die Deutschen, ca. 30 000 an der Zahl, haben hier ihre eigene Infrastruktur mit Läden, Kirchen und Wohnvierteln gegründet. Die mit Türken verheirateten Deutschen haben ihren eigenen Verein („Die Brücke") und ihre Kinder gehen oft auf deutsche Schulen. Jüngst kamen die Flüchtlinge aus den arabischen Ländern, allen voran aus Syrien, hinzu. Viele von ihnen hausen am Stadtrand und nutzen İstanbul als Transitraum nach Europa. Reichere orientalische Touristen prägen mittlerweile das Gesicht vieler Einkaufsstraßen. Multikulti? In İstanbul kommt jeder und jede auf ihre Kosten.

WIE HEISST DIE STADT NUN?

Sie hießen The Four Lads und sangen sich in den 1950er-Jahren mit dem Lied: „Istanbul (Not Constantinople)" in die US-Charts. İstanbul ist eine Ab-

KLISCHEE KISTE

RAUCHENDE KÖPFE

Niemals wird sich in dieser Stadt ein Rauchverbot durchsetzen lassen, dachte man in İstanbul. Qualmen schien zu den inoffiziellen Menschenrechten, zu den Grundregeln der İstanbuler zu gehören. Doch, oh Wunder: Anders als bei den scheinbar so disziplinierten und gesundheitsbewussten Deutschen raucht in İstanbuler Cafés und Kneipen kein Mensch mehr. Brav gehen alle vor die Tür. Seit einigen Jahren ist İstanbul auch in öffentlichen Gebäuden und Verkehrsmitteln rauchfrei.

BAUCHTANZ, SCHLEIER UND KOPFTUCH

Seit der Harem im ehemaligen Sultanspalast nur noch Teil eines Museums ist, geht es auch mit dem Bauchtanz bergab. Bauchtanzvorführungen gibt es eigentlich nur noch für Touristen Dass der Bauchtanz ausstirbt, liegt aber nicht nur an den Moralvorstellungen der in der Türkei herrschenden Islamisten, sondern vor allem daran, dass die meisten İstanbuler längst Diskotheken oder Clubs bevorzugen. Und Kopftücher sind zwar ziemlich verbreitet, aber auch nicht mehr als in vielen deutschen Vierteln. Sieht man eine schwarze Vollverschleierung, steckt meistens eine arabische Touristin darunter.

wandlung des griechischen „Stin Polis", „Zur Stadt". Der alte Name wiederum kommt vom römischen Kaiser Konstantin, der im 4. Jh. n. Chr. Konstantinopel zur neuen Hauptstadt des römischen Reiches erklärte, sich taufen ließ und das Christentum zur vorherrschenden Religion im Reich machte. Lange Zeit wurden die Namen İstanbul und Konstantinopel nebeneinander genutzt, erst 1930 wurde İstanbul der offizielle Name.

KONSUMFREUDE

Ein Drittel des türkischen Bruttosozialprodukts wird in İstanbul erwirtschaftet. Hier schlägt das wirtschaftliche Herz des Landes. Die Coronapandemie und der Ukraine-Krieg haben aber auch hier ihre Spuren hinterlassen – der Wert der Türkischen Lira sinkt. Das hat eine zweistellige Inflationsrate zur Folge. Weil staatliche Hilfen ohnehin fehlen und die Bewohner sich vielfach selbst zu helfen wissen, ist die Armut nicht so gravierend. Auch die hohe Akademikerarbeitslosigkeit und ein Mindestlohn von gerade einmal 380 Euro ändern daran nichts. Die engen Familienbindungen ersetzen fehlende Zuwendungen von staatlicher Seite. Allerdings sind die Einkommensunterschiede sehr groß.

Dennoch ist die Konsumfreude der İstanbuler nicht zu übersehen. Wenn es nicht die großen Shoppingmalls (Alışveriş Merkezi = AVM) sind, dann sind es die Wochenmärkte (Pazar), wo neben Lebensmitteln auch Klamotten, Küchenutensilien oder Schuhe ver-

Flanieren und Tee trinken – im hippen Karaköy geht's locker zu

kauft werden. Überall wird gegessen, getrunken, gekauft. Das hält das Rad am Laufen.

SEHEN UND GESEHENWERDEN

Wie in vielen Städten am Mittelmeer gehört das Promenieren in İstanbul zum Leben. Nicht nur sonntags, sondern an jedem Tag, vor allem in lauen Sommernächten, sind die Menschen unterwegs. Die Promenade von Bebek oder Caddebostan sind voll, fliegende Händler bieten Tee, Maiskolben und Sonnenblumenkerne an. Dabei kleidet man sich gerne etwas schicker. In gehobenen Restaurants und Clubs ist Etikette angesagt. Die İstanbulerinnen lieben modischen Chic, ganz besonders schöne Schuhe, und die Männer tragen gerne mal ein Jackett. Ob Fake oder nicht, Marken sind wichtig, dafür gibt man auch schon mal sein halbes Gehalt aus. Spätestens wenn du bemerkt hast, dass sogar die Kopftücher bekannten Labels gehören, weißt du Bescheid: Kleidung macht hier Leute.

TEEKULTUR VOM FEINSTEN

Er ist dunkelrot und kommt in kleinen Gläsern mit schmaler Taille: der Tee, *çay*, ist in İstanbul allgegenwärtig. Ob auf der Bosporusfähre, am Straßenrand, im Großen Basar oder bei deinen Gastgebern: Zu jeder Tagesstunde wirst du nicht darum herumkommen, einen Tee zu schlürfen. Hier ist Widerstand zwecklos! Allerdings kannst du ihn auch etwas schwächer *(açık)*, mit Zitrone *(limonlu)* oder auch mit Milch *(sütlü)* bestellen. Der Tee ist in İstanbul kein Getränk, sondern eine Lebensweise, etwas, woran man sich beim Plaudern, Nachdenken oder Arbeiten festhält. Übrigens erst seit den 1920ern, als erste Teeplantagen im östlichen Schwarzmeergebiet entstanden. Davor kam der Tee aus China und man hielt sich an der Kaffeetasse fest. Die Kaffeebohnen wiederum stammten aus dem Jemen.

JÜDISCHES LEBEN

Die Juden in der Türkei sind fast ausschließlich Sepharden, d.h. Nachfahren der 1492 aus Spanien vertriebenen Juden. Sie haben sich weitgehend assimiliert und wurden vom Holocaust verschont, weil die Türkei im Zweiten Weltkrieg neutral blieb. Dennoch sinkt ihre Zahl (heute etwa 20 000): Vielfach haben sich türkische Juden seit 2015 einen spanischen oder portugiesischen Pass geholt, nachdem diese Staaten ein Gesetz zur Wiedergutmachung beschlossen haben. Synagogen gibt es über die ganze Stadt verteilt, eine Gemeindezeitung („Shalom") und verschiedene Clubs sorgen für den Zusammenhalt. Das *Museum der Türkischen Juden (Türk Musevileri Müzesi) (So–Do 10–17, Fr bis 13 Uhr | Eintritt ca. 4 Euro | Büyük Hendek Cad. 39 | Galata-Beyoğlu | muze500.com)* in der renovierten *Neve Şalom Synagoge (📖 K2) (nevesalom.org)* gibt Einblick in das religiöse und weltliche Leben der Juden und stellt prominente Persönlichkeiten vor. Einen Besuch wert sind auch die ehemalige *Aschkenasim-Synagoge* und heutige Kunstgalerie *Schneidertempel (📖 K2) (Di–So 11–18 Uhr | Felek Sok. 1 | Karaköy | schneidertempel.org).*

SIGHT SEEING

İstanbul ist ein großes Open-Air-Museum und eine moderne Metropole zugleich: Die Historische Halbinsel (Sultanahmet und die Altstadt), das europäische Viertel Beyoğlu und die mondänen Wohngebiete am Bosporus sowie die asiatische Seite bieten Terrain für ausgedehnte Spaziergänge.

In fast 3000 Jahren, in denen die Stadt als Byzanz, Konstantinopel und später als İstanbul Hauptstadt von Weltreichen war, sind kaum zählbare Bau- und Kulturdenkmäler entstanden. Angefangen bei byzantinischen Zeugnissen über die 3000 Moscheen, Hunderte von

Kopf in den Nacken und staunen – in der Süleymaniye-Moschee

Palästen, Sommerhäusern und Burgen der Osmanen bis zu armenischen, orthodoxen und selbst protestantischen Kirchen und Synagogen ist fast alles zu besichtigen, was die Fundamente abendländischer Kultur berührt. Doch was den Reiz İstanbuls ausmacht, sind nicht allein seine Sehenswürdigkeiten, sondern auch das Miteinander unterschiedlicher Lebensformen. Zwischen der Altstadt, in der hauptsächlich fromme Muslime leben, den verarmten Minderheitenvierteln am Goldenen Horn und den mondänen Wohnorten nördlich vom Taksim-Platz liegen Welten.

DIE STADTVIERTEL IM ÜBERBLICK

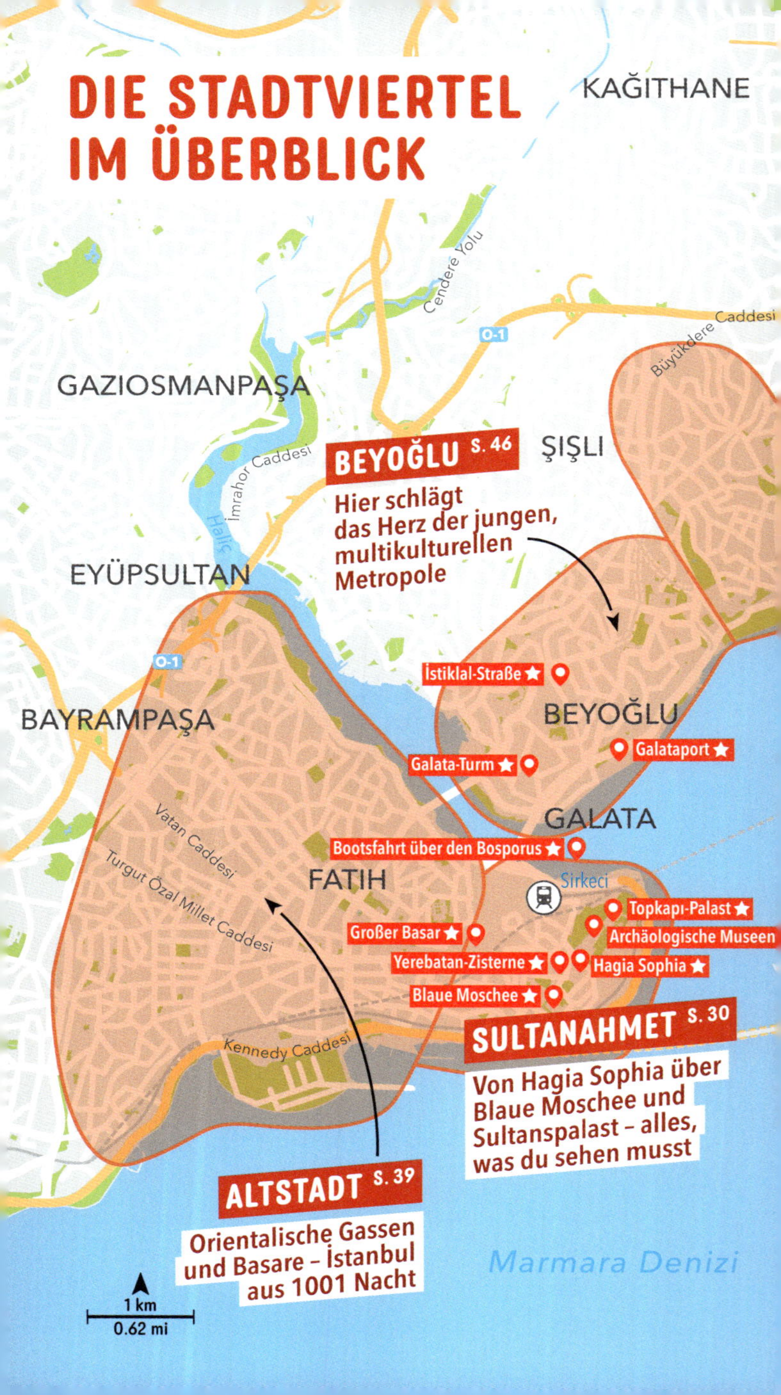

KAĞITHANE
GAZIOSMANPAŞA
ŞIŞLI
EYÜPSULTAN
BAYRAMPAŞA
Cendere Yolu
Büyükdere Caddesi
İmrahor Caddesi
Haliç
O-1

BEYOĞLU S. 46

Hier schlägt das Herz der jungen, multikulturellen Metropole

İstiklal-Straße ★
BEYOĞLU
Galataport ★
Galata-Turm ★
GALATA
Bootsfahrt über den Bosporus ★
Sirkeci
FATIH
Vatan Caddesi
Turgut Özal Millet Caddesi
Topkapı-Palast ★
Archäologische Museen
Großer Basar ★
Yerebatan-Zisterne ★
Hagia Sophia ★
Blaue Moschee ★
Kennedy Caddesi

SULTANAHMET S. 30

Von Hagia Sophia über Blaue Moschee und Sultanspalast – alles, was du sehen musst

ALTSTADT S. 39

Orientalische Gassen und Basare – İstanbul aus 1001 Nacht

Marmara Denizi

1 km
0.62 mi

MARCO POLO HIGHLIGHTS

★ TOPKAPI-PALAST
Eine Welt aus 1001 Nacht ➤ S. 31

★ HAGIA SOPHIA
Denkmal der Macht und des Glaubens ➤ S. 34

★ ARCHÄOLOGISCHE MUSEEN
Alexander der Große und die klassische Antike ➤ S. 34

★ YEREBATAN-ZISTERNE
Die riesige Zisterne gleicht einem unterirdischen Säulenwald ➤ S. 36

★ BLAUE MOSCHEE
Favoritin bei den Gläubigen und Touristen ➤ S. 37

★ GROSSER BASAR
Lärm, Gedränge und Wohlgerüche: Besuch die älteste Shoppingmall des Orients ➤ S. 42

★ GALATA-TURM
Von hier aus hast du einen wunderbaren Blick über die ganze Stadt ➤ S. 47

★ GALATAPORT
Einer der schicksten Kreuzfahrthäfen der Welt ➤ S. 48

★ İSTIKLAL-STRASSE
Lebens- und Feierfreude auf der İstanbuler Kulturmeile ➤ S. 50

★ KADIKÖY
Asiatischer Stadtteil mit vielen Geschäften, Cafés, Kneipen und Märkten ➤ S. 57

★ BOOTSFAHRT ÜBER DEN BOSPORUS
Vom Wasser aus ist İstanbul noch schöner ➤ S. 59

★ PRINZENINSELN
Ein Paradies im Marmara-Meer ➤ S. 60

Jede Sightseeing-Tour beginnt in Sultanahmet, der historischen Halbinsel İstanbuls, und das zu Recht: Sie ist der älteste besiedelte Teil der Stadt mit Topkapı, Hagia Sophia, den Sultansmoscheen, Brunnen und vielen weiteren Kleinoden. Einst etwas verstaubt, modernisiert sich Sultanahmet zunehmend, schicke Hotels und Lokale bringen Flair. Restaurants mit einzigartigem Blick entstehen auf den Dachetagen der Hotels und auch nachts herrscht in den Gassen reger Betrieb.

Du kannst an jeder Kasse oder im Netz *(muze.gov.tr)* einen offiziellen Museumspass für 5 Tage kaufen, er kostet ca. 75 Euro. Dafür hast du freien Eintritt in 13 Museen, z.B. den Topkapı samt Harem *(Eintritt sonst ca. 35 Euro)* oder die Archäologischen Museen *(Eintritt sonst ca. 25 Euro)*. Im Netz gibt es auch private Anbieter für einen digitalen E-Pass für 2, 3, 5 oder 7 Tage. Für den Besuch großer Moscheen inkl. der Hagia Sophia gilt: An religiösen Festtagen und zu Gebetszeiten *(namazvakitleri.diyanet.gov.tr)* solltest du diese wegen des Ansturms meiden und Moscheen prinzipiell ohne Schuhe betreten. Frauen leihen sich am Eingang ein Kopftuch aus.

WOHIN ZUERST?

Galata-Brücke *(📖 K3)*: Die Galata-Brücke in Eminönü ist der beste Startpunkt, um İstanbuls historische Altstadt zu erkunden. Die Hauptsehenswürdigkeiten in Sultanahmet, İstanbuls „Museumsinsel", sind von hier aus gut zu Fuß zu erreichen. Zur Brücke kommst du von überall im Stadtzentrum mit dem Bus, mit der Straßenbahn von Kabataş und mit der Fähre von allen wichtigen Anlegern am Bosporus und im Südwesten am Marmara-Meer. Von Taksim aus kannst du bequem zur Galata-Brücke laufen.

SULTAN-AHMET

Wer nur einen Tag in İstanbul hat, wird zur historischen Halbinsel eilen und es auf keinen Fall bereuen: Größtenteils verkehrsberuhigt liegt hier das Beste, was die alte Dame am Bosporus zu bieten hat. Die Hagia Sophia, die Blaue Moschee, der Topkapı-Palast und die Archäologischen Museen sind fußläufig zu erreichen.

Eine Straßenbahn führt vom Goldenen Horn hoch zu den Sehenswürdigkeiten. Parkanlagen, Cafés und Restaurants bieten genug Gelegenheit zur Atempause – und die wird man ab und zu ganz sicher brauchen! Einen Espresso zwischen schönen Skulpturen gefällig? Der Teegarten der Archäologien Museen direkt unterhalb des Topkapı-Palasts ist wie dafür geschaffen. Ein ganz besonderer Genuss, vor allem an heißen Sommertagen, ist der Abstieg in die große unterirdische *Yerebatan-Zisterne*, gleich gegenüber der Hagia Sophia. Selbst vom Museumsbesuch gestresste Kinder sind hier wieder be-

Filigrane Architektur: kunstvoll gekachelte Wände im Topkapı-Palast

geistert. Achtung: Die meisten Baudenkmäler sind in Museen umgewandelt und montags geschlossen!

1 TOPKAPI-PALAST (TOPKAPI SARAYI) ★ ⚑

Über vier Jahrhunderte war der Topkapı-Palast das Zentrum der osmanischen Weltmacht. Hier lebten der Sultan, das politische und geistliche Oberhaupt der Muslime, und seine Haremsfamilie, hier wurden die Reichsgeschäfte geführt, wurde die Spitze der osmanischen Bürokratie ausgebildet und war das Elitekorps des Sultans, die Janitscharen, untergebracht. Obwohl die Palastanlage großen Raum einnimmt – zeitweilig lebten mehr als 5000 Menschen innerhalb der Mauern –, wirkt sie nicht monumental. Die Gebäude sind durchweg ein- oder zweistöckig und bestechen eher durch ihre filigrane Architektur als durch majestätische Wucht – eine Stein gewordene Zeltstadt meinen einige Besucher darin zu erkennen.

Topkapı Sarayı ist in vier Höfe gegliedert. Der erste Hof, den man durch das *Bab-ı Hümayun*, das „Kaiserliche Tor", betritt, war in osmanischer Zeit der Stützpunkt der Janitscharen. Die nach Betreten des Hofs linker Hand liegende *Irenenkirche (Aya Irini) (Mi–Mo 9–mind. 18 Uhr | Eintritt ca. 5 Euro)*, die aus dem 8. Jh. stammende „Kirche zum Himmlischen Frieden", wurde von den Soldaten als Zeughaus und Waffenkammer benutzt. In ihrer Ursprünglichkeit ist sie einer der beeindruckendsten byzantinischen Sakralbauten.

Am Ende des ersten Hofes, am *Bab-ı Selam*, dem „Friedenstor", beginnt das eigentliche Museum. Der zweite Hof, den du nun betrittst, war der Geschäftsbereich des Osmanischen Reichs. Hier tagte das Kabinett *(Diwan)*, hier wartete man auf eine Audienz und hier waren auch die Henker untergebracht, die die Urteile des Sultans im ersten Hof vollstreckten. Auf der linken Seite, diagonal gegenüber dem Eingangstor, ist der *Diwan*. An einer Ecke befindet sich ein Gitterfenster, durch das der Sultan die Kabinettssitzungen insgeheim im Auge behalten konnte. Auf der gegenüberliegenden Seite des Hofs liegt der riesige Küchentrakt, in dem für mehrere Tausend Menschen meisterhaft gekocht wurde. Dort ist heute die größte chinesische Porzellansammlung der Welt außerhalb Chinas untergebracht. Leider wird von den über 10 000 Exemplaren nur ein kleiner Teil ausgestellt.

Ebenfalls vom zweiten Hof aus betritt man den sagenumwobenen Harem, die Privatsphäre des Sultans, die kein anderer Mann außer ihm und seinen Söhnen betreten durfte. Hier haben sich die Sultane Hunderte von Frauen gehalten, hier nahmen die Palastintrigen ihren Ausgang, und hier herrschte der „Schwarze Eunuch", der Hüter des Harems. Eigentliche Herrscherin im Harem aber war die *Valide Sultan*, die Sultansmutter. Die Führung durch den Harem zeigt luxuriöse Bäder, herrliche Aufenthaltsräume und ein wunderbares Empfangszimmer, vermittelt aber auch einen Eindruck von der Enge, in der die Frauen hier leben mussten. Auf 6700 m² waren mehr als 300 Räume untergebracht. Für den Harem braucht man ein separates Ticket, Einlass nur in Kleingruppen.

Der Ausgang führt auf den dritten Hof, den wichtigsten Ausstellungsbereich des heutigen Museums. Direkt hinter dem Tor zum dritten Hof, dem *Bab-ı Saadet*, dem „Tor der Glückseligkeit", liegt der Audienzraum des Sultans, in dem der ursprüngliche Thron noch zu bewundern ist. Höhepunkt jeder Besichtigung sind die Säle, die den Hof an der rechten Seite abschließen. Hier sind die schönsten Kleider, die seltensten Waffen und die kostbarsten Schätze des Osmanischen Imperiums ausgestellt. Du kannst dir den berühmten Topkapı-Dolch anschauen, der im amerikanischen Spielfilm „Topkapi" trickreich geklaut werden sollte (1964, mit Melina Mercouri, Peter Ustinov und Maximilian Shell), und einen 86-karätigen Löffeldiamanten bewundern. Direkt gegenüber auf der anderen Seite des Hofs befinden sich die religiösen Schätze, darunter Reliquien wie das sprichwörtliche Barthaar des Propheten, ein Fußabdruck Mohammeds und Teile von Toren der Kaaba in Mekka. Hier wird auch während der Besuchszeiten aus dem Koran rezitiert.

INSIDER-TIPP
Unermesslich wertvoll!

Der letzte, sogenannte vierte Hof ist kein geschlossenes Gelände mehr, sondern ein großer Garten, in dem mehrere Pavillons der Entspannung und Erholung der Sultane dienten. An der rechten Seite wurde ein Palastteil in ein Café umgewandelt, von dem

aus du einen herrlichen Blick auf die Einfahrt in den Bosporus, auf das Genueserviertel und den asiatischen Teil İstanbuls hast. *Mi–Mo 9–18 Uhr | Eintritt Topkapı ca. 20 Euro, Harem ca. 15 Euro | Cankurtaran Mah., Babı Hümayun Cad. 1 | Infos und Führungen zu buchen unter muze.gen.tr | 3–4 Std. | d3*

2 MUSEUM FÜR ISLAMISCHE TECHNIK UND WISSENSCHAFT (TEKNIK VE İLIMLER MÜZESI)

Der türkische Orientalist Fuat Sezgin (1924–2018), lange an der Goethe-Universität in Frankfurt am Main tätig, stiftete seine umfassende Sammlung der Stadt. So entstand dieses hochwertige Museum in den ehemaligen

Ställen des Topkapı mit insgesamt 585 Objekten aus den Bereichen der Astronomie, Physik, Navigation und Medizin, die den Beitrag islamischer Gelehrter zur Menschheitsgeschichte aufzeigen. *Tgl. 9–19 Uhr | Eintritt ca. 7 Euro | Gülhane-Park |* *c2*

3 ARCHÄOLOGISCHE MUSEEN (ARKEOLOJI MÜZELERI) ★

Das archäologische Museum unterhalb des Topkapı-Palasts wurde vor allem gebaut, um ein herausragendes Fundstück angemessen ausstellen zu können: den *Alexandersarkophag* (310 v. Chr.), den türkische Archäologen in Sidon im heutigen Libanon fanden. In dem Sarkophag wurde zwar nicht Alexander der Große, sondern ein libanesischer König bestattet, aber Alexander ist hier in einer sehr alten, spektakulär erhaltenen Form dargestellt. Allein der Sarkophag macht das Museum zu einem Erlebnis.

Heute handelt es sich um drei Bauten, die zusammen Exponate aus unterschiedlichen Epochen und Orten beherbergen. In der Sammlung befinden sich Funde aus dem ganzen Einflussgebiet des Osmanischen Reichs, vom Balkan und Nordafrika über Anatolien und Arabien bis nach Afghanistan. Die Archäologischen Museen wurden in den 2010er-Jahren neu gestaltet und in den letzten Jahren modernisiert.

Das *Museum für Altorientalische Kunst (Eski Şark Eserleri Müzesi)* in einem eigenen Gebäude zeigt den ersten Friedenvertrag der Geschichte. Der Vertrag wurde 1296 v. Chr. zwischen Ägypten und den Hethitern abgeschlossen.

Das dritte, etwas kleinere Gebäude auf dem Museumsareal ist das *Fayencenmuseum (Çinili Köşk)* mit über 2000 wertvollen, hauptsächlich anatolischen Exponaten. Die Kunst, farbige, durch Glasur geschützte Kacheln zu produzieren, war im Osmanischen Reich hoch entwickelt. Ein beliebtes Motiv war die Tulpe. Farblich dominiert das Azurblau, dessen Formel nur wenige Meister beherrschten. *Tgl. 9–20 Uhr | Eintritt ca. 15 Euro | Osman Hamdi Bey Yokuşu | Eminönü | Zugang vom Gülhane-Park | 2–3 Std. |* *d3*

4 HAGIA SOPHIA (AYASOFYA) ★

Wie eine Kröte mit hoch gewölbtem Rücken und dicken Beinen hockt die Hagia Sophia, die „Kirche der Heiligen Weisheit", über der Altstadt von İstanbul. Mit ihrem rötlich schimmernden Mauerwerk und den später in osmanischen Zeiten angebauten vier Minaretten gehört das fast 1500 Jahre alte Monument immer noch zu den prägenden Erscheinungen der İstanbuler Silhouette und ist bis heute ein Wahrzeichen der Stadt.

Mit etwas Fantasie kann man sich im Hauptschiff unter der gigantischen Kuppel in die Zeit der byzantinischen Kaiser zurückversetzen und sich vorstellen, wie der glänzende Hofstaat in die riesige Halle marschiert. Die darüber schwebende Kuppel wirkt als irdischer Spiegel des Himmels nicht massiv. Ein Kranz von 40 Fenstern im unteren Rand der Kuppel führt das Sonnenlicht geschickt ins Innere und verstärkt die Illusion der Schwerelosigkeit, die Architekten durch einen genialen Trick erreichten: Sie stützten die Hauptkuppel durch weitere Halbkugeln ab und verbannten die Pfeiler, die das Gewicht der Kuppeln auffangen, in die Seitenschiffe. Dadurch entstand ein riesiges freies Mittelschiff. Dieser für die damalige Architektur revolutionäre Ansatz wurde später auch zum Vorbild anderer Bauten İstanbuls wie der Blauen Moschee, die der Hagia Sophia gegenüberliegt. Auftraggeber für den Bau der Hagia Sophia war Kaiser Justinian, der die Kirche nach einer sensationell kurzen Bauzeit von nur fünf Jahren und zehn Monaten am 27. Dezember 537 weihte. Das statische Experiment der im Durchmesser 31 m großen Kuppel, die im Scheitelpunkt 49 m über dem Boden schwebte, stieß jedoch bald an seine Grenzen. Mehrere kleinere Erdbeben führten dazu, dass sie Risse bekam und 558 einstürzte. Beim Wiederaufbau wurden die äußeren Stützpfeiler verstärkt, was zu dem äußerlich gedrungenen Eindruck führt, und die Kuppel um noch einmal 7 m auf 56 m angehoben. Keine andere byzantinische oder osmanische Kuppel erreichte je wieder diese Höhe.

Die heutige innere Ausstattung der Hagia Sophia, die 1935 zum Museum erklärt wurde, ist bestimmt durch die 500 Jahre, in denen das Gebäude als Moschee diente. Bereits drei Tage nach der Eroberung Konstantinopels im Jahr 1453 wurde die Kaiserkirche zur Moschee des Sultans erklärt. In der Apsis der Kirche steht das *mihrab*, die

Highlight im Archäologischen Museum: der Alexandersarkophag

nach Mekka weisende Gebetsnische. Rechts davon ist der *minbar,* die Kanzel des Imams. Am auffälligsten sind die im Durchmesser 7,5 m großen Holzschilder auf Höhe der Galerien, die als Kalligrafien die acht heiligsten Namen des Islams tragen. Wenn man genauer hinsieht, kann man neben den Holzschildern noch byzantinische Engel erkennen. Überreste der berühmten byzantinischen Mosaiken befinden sich in den Vorräumen zum Hauptgebäude, das bekannteste ist ein Mosaik aus dem 10. Jh. direkt über dem sogenannten Kaisertor. Es zeigt den thronenden Christus. Weitere Mosaiken befinden sich in der Apsis und an den Wänden der Emporen, auf die übrigens sowohl in byzantinischer als auch in osmanischer Zeit die Frauen verbannt wurden. Auf der Empore befindet sich auch das einzige Grab innerhalb der Hagia Sophia: ausgerechnet der venezianische Doge Enrico Dandolo, der für die blutige Eroberung Konstantinopels durch die Kreuzritter verantwortlich war, wurde hier beigesetzt. Seit der Umwidmung in eine Moschee 2020 sind allerdings sämtliche christliche Mosaiken und Fresken mit Vorhängen verdeckt.
Im Garten stehen drei Mausoleen, in denen die Sultane Mehmet III., Selim II. und Murat III. ihre letzte Ruhestätte fanden. *Durchgängig geöffnet | Eintritt ca. 20 Euro | Sultanahmet Meydani | 1–2 Std. |* *c4*

5 YEREBATAN-ZISTERNE (YEREBATAN SARNICI) ★

Das alte Byzanz hatte zahlreiche Zisternen zur Wasserversorgung der Stadt, da man auf der Halbinsel selbst kein Trinkwasser fand. Die größte dieser Zisternen, die die Türken „versunkenes Schloss" nannten, liegt direkt gegenüber der Hagia Sophia und steht Besuchern zur Besichtigung offen. Wenn du über eine kleine Treppe nach unten steigst, öffnet sich plötzlich ein gewaltiger unterirdischer Raum, der so groß ist, dass man ihn zunächst gar nicht überblicken kann. Noch immer steht Wasser in der Zisterne, aber über Stege kannst du bei klassischer Musik einen Rundgang durch das faszinierende versunkene Reich machen. 336 Säulen verhindern seit 1400 Jahren, dass die Decke der Zisterne einbricht. Zwei dieser Säulen stehen sogar auf antiken Medusenköpfen. Im Sommer finden auf einer Plattform Konzerte

statt, die man sich von einem Café aus anschauen kann. *Tgl. 9–22 Uhr | Eintritt ca. 12 Euro (bis 19 Uhr) bzw. ca. 18 Euro (19–22 Uhr) | Yerebatan Cad. 1/3 (schräg gegenüber der Hagia Sophia) | yerebatansarnici.com |* *c4*

6 BLAUE MOSCHEE (SULTANAHMET CAMII) ★

Sie ist zweifellos die beeindruckendste Moschee der Stadt. Über drei Stufen steigen die Kuppeln (die höchste 43 m) gen Himmel. Die Sultanahmet-Moschee ist besser als Blaue Moschee bekannt – wegen der wunderbaren blauen Kacheln, die die Wände im Inneren schmücken. Das Gebäude wurde zu Beginn des 17. Jhs. errichtet und riss ein tiefes Loch in die Staatskasse. Für die Nachwelt hat sich der Aufwand allerdings gelohnt. Bereits die Vorhöfe gegenüber der Hagia Sophia beeindrucken durch ihre Größe. Im Innenraum dominieren neben den blauen Kacheln auch der rote Teppich und die riesigen Leuchter, die aus der Kuppel herabhängen. Aus einigen der 260 Fenster – viele von ihnen sind bunt verglast – schaut man auf das Marmara-Meer oder in einen hübschen Moscheengarten. Zu den sogenannten Sultansmoscheen gehören immer große Stiftungen. Auch die Blaue Moschee war einst von einem Stiftungskomplex *(külliye)* umgeben, zu dem eine theologische Hochschule *(medrese)*, ein Hospital *(darüssifa)*, eine Karawanserei *(han)* und Armenküchen *(imaret)* zählten. Davon sind heute nur noch die Kü-

Blaue Moschee: beeindruckende Kuppeln mit Blick auf das Marmara-Meer

Unter der Galata-Brücke tummeln sich Touristen und Szenegänger

chen erhalten sowie das Grabmal *(türbe)* des Sultans Ahmet I. Freitags sollte man die Moschee den Betenden überlassen. *Sommer tgl. 8.30–19, 1. Okt.–31. März tgl. 8.30–17 Uhr, Fr ab 14.30 Uhr, während der Gebetszeiten geschl. | Eintritt frei | Sultanahmet Meydanı 7 |* *c5*

7 MUSEUM FÜR TÜRKISCHE UND ISLAMISCHE KUNST

Eine der größten Teppichsammlungen der Welt in einem prächtigen Kleinod Sinans: Der ehemalige Wohnsitz des Ibrahim Pascha, Großwesir Suleiman des Prächtigen, wurde 1524 erbaut und ist der einzige private Palast, der in İstanbul noch existiert. Die Sammlung, insgesamt über 35 000 Stück, ist chronologisch sortiert, aber leider nicht ausführlich erklärt. Haushaltsgegenstände, schönes Handwerk, Bücher, Manuskripte, Miniaturen und Keramiken zeigen jedoch die Feinheit der seldschukischen und osmanischen Kunst. In der ethnografischen Abteilung liegt der Akzent auf dem Leben der Nomaden, denen wir die bunten Kelims verdanken. *Tgl. 9–20 Uhr, Kasse schließt um 19 Uhr | Eintritt ca. 13 Euro | Binbirdirek Mah., At Meydanı Sok. 12 | muze.gov.tr |* *b5*

8 HIPPODROM (AT MEYDANI)

Was das Kolosseum für Rom, war das Hippodrom für Byzanz – der Ort, an dem das Volk durch Spiele und Wagenrennen bei Laune gehalten wurde. Der Areal entlang der Blauen Moschee soll rund 100 000 Menschen Platz geboten haben. Dort, wo jetzt die Moschee steht, waren früher die hoch aufragenden Ränge des Hippodroms. Heute ist davon fast nichts mehr übrig außer den Säulen, die Konstantin auf die sogenannte *spina,* das lange Podest in der Mitte der Rennbahn, stellen ließ.

Die älteste ist der 1450 v. Chr. erbaute ägyptische Obelisk aus Luxor. Die benachbarte Schlangensäule stammt aus Delphi. Nur von der letzten, der Bronzenen Säule, weiß man nichts, außer dass sie im 10. Jh. restauriert wurde. Eine vierte Säule, die ursprünglich noch hier stand und die von vier bronzenen Pferden gekrönt wurde, brachten die Venezianer nach dem Vierten Kreuzzug als Beute in die Lagunenstadt. Das Hippodrom hatte auch eine politische Funktion: Man bekannte sich entweder zur grünen oder zur blauen Mannschaft, was zeitweilig mit einer reformfreudigen oder konservativen Einstellung übersetzt wurde. *At Meydanı* | *c5*

9 ŞEREFIYE-ZISTERNE (ŞEREFIYE SARNICI)

Diese Zisterne ist ein Juwel mitten in der Altstadt und bislang noch sehr wenig besucht. Mit ihren 1600 Jahren ist sie älter als die Hagia Sophia oder die Yerebatan! Während sich in der Yerebatan die Massen drängen, kannst du hier in aller Ruhe eine wunderschön restaurierte unterirdische Zisterne besichtigen und fotografieren. Wechselnde Ausstellungen. Ein Lift ist vorhanden. *Tgl. 9–18, Sa bis 15 Uhr* | *Piyer Loti Cad. 25* | *Eintritt ca. 2 Euro* | *b4*

INSIDER-TIPP
Kleinod im Gassengewirr

ALTSTADT

Die „historische Halbinsel" war zu byzantinischen Zeiten das Zentrum Konstantinopels. Die Altstadt ist auf der einen Seite vom Marmara-Meer und auf der anderen Seite vom Goldenen Horn eingeschlossen.

Das Zentrum der Altstadt ist der Große Basar, das traditionelle, überdachte Händlerviertel, in dem die Bevölkerung früher ihre gesamten Konsumbedürfnisse befriedigte. Neben dem Geld kommt der Geist Die älteste Universität schließt sich direkt an den Basar an. Ebenfalls nur ein paar Schritte weiter befindet sich mit der Süleymaniye die prächtigste Moschee İstanbuls. Es lohnt sich, weiter in das Gassengewirr vorzudringen und für ein paar Stunden in eine untergegangen geglaubte Welt einzutauchen.

10 GALATA-BRÜCKE (GALATA KÖPRÜSÜ)

Wenn du das eigentliche Zentrum İstanbuls erleben willst, musst du zur Galata-Brücke gehen. Sie verbindet die historische Altstadt, den Orient, mit den modernen Stadtgebieten, dem Okzident. Auf der Brücke ist immer was los, sie wird von zahllosen Anglern bevölkert, es gibt Leute, die ihr halbes Leben auf der Galata-Brücke verbringen. Unter der Brücke kannst du bei Bier und Fischbrot chillen. Die Brücke an der Mündung des Goldenen Horn war schon immer das Nadelöhr der Stadt. Das älteste historisch belegte Bauwerk wurde im 6. Jh. n. Chr. unter Kaiser Justinian I. errichtet. Die Brücke soll aus zwölf Bögen bestanden haben. 1000 Jahre später, nach der Eroberung İstanbuls, gab Sultan Beyazıt II. bei Leonardo da Vinci eine neue Überführung in Auf-

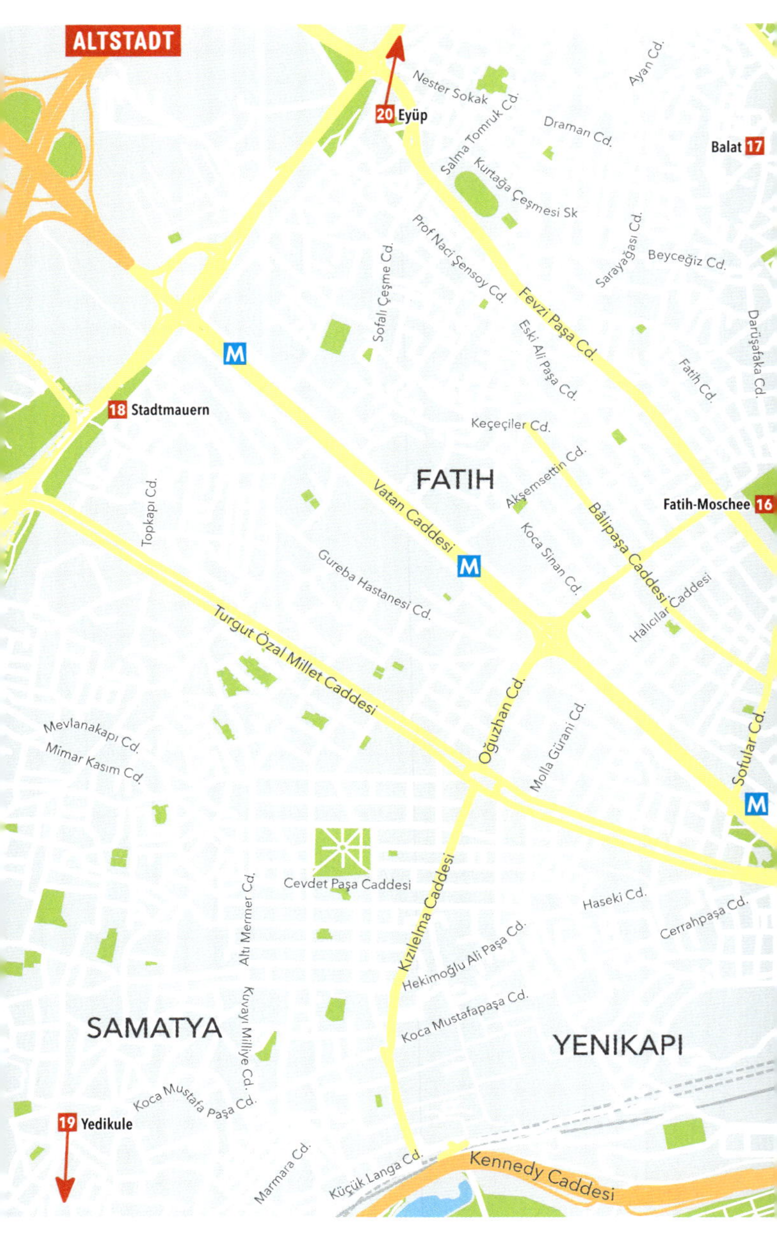
ALTSTADT
20 Eyüp
Nester Sokak
Salma Tomruk Cd.
Ayan Cd.
Draman Cd.
Balat 17
Kurtağa Çeşmesi Sk
Saraγağası Cd.
Beyceğiz Cd.
Prof Naci Şensoy Cd.
Sofalı Çeşme Cd.
Fevzi Paşa Cd.
Darüşafaka Cd.
Eski Ali Paşa Cd.
Fatih Cd.
18 Stadtmauern
Keçeçiler Cd.
FATIH
Akşemsettin Cd.
Fatih-Moschee 16
Topkapı Cd.
Vatan Caddesi
Bâlipaşa Caddesi
Koca Sinan Cd.
Gureba Hastanesi Cd.
Halıcılar Caddesi
Turgut Özal Millet Caddesi
Oğuzhan Cd.
Molla Gürani Cd.
Sofular Cd.
Mevlanakapı Cd.
Mimar Kasım Cd.
Cevdet Paşa Caddesi
Altı Mermer Cd.
Kızılelma Caddesi
Haseki Cd.
Cerrahpaşa Cd.
Hekimoğlu Ali Paşa Cd.
Koca Mustafapaşa Cd.
SAMATYA
Kuvayı Milliye Cd.
YENIKAPI
Koca Mustafa Paşa Cd.
19 Yedikule
Marmara Cd.
Küçük Langa Cd.
Kennedy Caddesi

7 Fener
Kadir Has Cd.
Haliç
Haliç Caddesi
Meşrutiyet Cd.
M
Refik Saydam Cd.
BEYOĞLU
Atatürk Köprüsü
Bankalar Cd.
Tersane Cd.
M
Ragip Gümüşpala Cd.
Galata Köprüsü
Galata-Brücke 10
14 Pantokrator-Kloster
Atatürk Blv.
Katip Çelebi Cd.
EMINÖNÜ
Vefa Caddesi
Fetva Yks.
Ragip Gümüşpala Caddesi
11 Ägyptischer Basar
15 Valens-Aquädukt
13 Süleymaniye-Moschee
Cemal Yener Tosyali Cd.
Uzunçarşı Cd.
Fuatpaşa Cd.
Sehzadebaşı Cd.
M
Ebussuud Cd.
Atatürk Blv.
Gençtürk Cd.
Darülfünun Cd.
12 Großer Basar
Bab-ı Ali Cd.
Ordu Caddesi
Gazi Mustafa Kemal Paşa Cd.
Yeniçeriler Cd.
Aksaray Cd.
Mesihpaşa Cd.
NURUOSMANIYE
Hayriye Tüccarı Cd.
Tiyatro Caddesi
Klod Farer Cd.
Piyer Loti Cd.
Türkeli Cd.
Mollataşı Cd.
Kadırga Limanı Cd.
D100
Kennedy Caddesi
500 m
547 yd

trag. Der Entwurf gefiel dem Sultan jedoch nicht und wurde ad acta gelegt. Auch Michelangelo wurde persönlich nach İstanbul eingeladen, um eine Brücke über das Goldene Horn zu planen. Der Italiener kam allerdings nie. Erst im 19. Jh. schließlich ließ Mahmud II. eine schwimmende Brücke bauen, die bis 1912 hielt. Im selben Jahr errichtete die deutsche MAN AG die erste moderne Galata-Brücke am heutigen Standort. Die 466 m lange und 25 m breite Stahlkonstruktion wurde bis zu einem Brand 1992 benutzt. Das heutige Bauwerk ist das Ergebnis einer Rekonstruktion durch türkische Firmen. Wenn du über die Brücke geschlendert bist, triffst du auf beiden Seiten auf eine Tram-Haltestelle, von wo aus du direkt zum Großen Basar, ins Herz der Altstadt fahren kannst. Die Brücke wird Juni, Juli und August einmal (Di) und in den restlichen Wochen zweimal in der Woche (Di und Do) von 3.30 bis 4.30 Uhr für Fußgänger und Autos gesperrt und für den Schiffsverkehr geöffnet. *K3*

11 ÄGYPTISCHER BASAR (MISIR ÇARŞISI)

Der Ägyptische Basar ist auch unter dem Namen Gewürzbasar bekannt, weil das seit jeher die Spezialität dieses Markts ist. Schon zu byzantinischen Zeiten befand sich hier im Hafenviertel ein Markt. Der jetzige L-förmige Bau entstand 1660. Er heißt so, weil er mit Steuereinnahmen aus Ägypten finanziert wurde. Der Gewürzbasar ist ein Hochgenuss für die Augen und die Nase. Wer getrocknetes Obst, Nüsse, Heilkräuter, Kaviar oder Safran sucht, ist hier richtig. Bei *Ucuzcular*, dem ältesten Kräuter- und Naturladen İstanbuls, gibt es viele gute Produkte für Haut und Haare. *Tgl. 8–19.30, So ab 9.30 Uhr, an rel. Feiertagen geschl. | Eminönü Meydanı | misircarsisi.org.tr | b1*

INSIDER-TIPP
Creme und Shampoo nach alten Rezepten

12 GROSSER BASAR (KAPALI ÇARŞI) ★

Der Große Basar ist das pochende Herz der Altstadt. Einst das Shoppingcenter der Stadtbewohner wirst du hier heute hauptsächlich Teppiche, Lederwaren, Replicas und jede Menge Souvenirs antreffen. Jeder, der zum ersten Mal durch eines der 17 Tore tritt, wird sich im Gassengewirr verlaufen und froh sein, wenn er zufällig auf eines der Teehäuser trifft, in denen er Luft schnappen kann. Die antike Shoppingmall erstreckt sich von der Nuruosmaniye- bis zur Beyazıt-Moschee über eine Fläche von 32 000 m² und bietet in 4000 Geschäften von Seidentüchern bis zu Juwelen und Lederjacken fast alles, was das Touristenherz begehrt. Der Basarbummel ist ein Erlebnis für alle Sinne, bei dem du starke Nerven haben musst, denn die Anmache ist für Touristen manchmal eine Zumutung. Besonders ursprünglich erlebt man den Markt in der Nebensaison und früh morgens, wenn nicht so viele ausländische Besucher unterwegs sind.

Der Basar ist nach Gewerben geordnet, jedes Handwerk hat sein eigenes „Viertel" *(arasta)*. Heute wird überwiegend verkauft und nicht mehr hergestellt, wenn es auch noch einzelne Kupferschmiede und Schneider gibt. Im Zentrum liegt der *Alte Bedesten,* in dem zahlreiche Antiquitätenhändler ihr Geschäft betreiben. Dieser älteste Teil des Basars wurde von Mehmet II. nach der Eroberung Konstantinopels in Auftrag gegeben.

INSIDER-TIPP
Wie vor 100 Jahren

Wenn du den Basar durch eines der Tore in Richtung Goldenes Horn verlässt (z. B. das *Mercan Tor*), kannst du durch das traditionelle Holzhandwerkerviertel *Tahtakale* bis zum Meer schlendern. Es gehört zu den besonders authentischen Einkaufsorten İstanbuls und wird von Einheimischen immer noch rege besucht. Anschließend kannst du gleich den Gewürzbasar ins Visir nehmen. *Tgl. 8.30–19 Uhr (So aber viele Läden geschl.)* | *2–3 Std.* | *a3*

13 SÜLEYMANIYE-MOSCHEE (SÜLEYMANIYE CAMII)

Sie ist zwar nicht so berühmt wie die Blaue Moschee, doch unter Kennern gilt die Süleymaniye als der herausragende Sakralbau der Stadt. Wenn du vom Galata-Turm aus auf die Altstadt schaust, siehst du, dass die Süleymaniye-Moschee direkt gegenüber nach wie vor die Silhouette von İstanbul dominiert. Sie wurde vom berühmtesten Architekten des Osmanischen Reichs, Mimar Sinan, zu Ehren des berühmtesten Sultans, Süleymans des Prächtigen, zwischen 1551 und 1558 erbaut.

Der Innenraum der Moschee wirkt vor allem durch seine Höhe überwältigend. Der Architekt hat ein Meisterwerk der Kuppelbaukunst abgeliefert. Den Innenhof der Moschee säumen prächtige Arkaden, deren Säulen aus der ehemaligen byzantinischen Kai-

Vom anstrengenden Shoppen im Großen Basar erholt man sich bei einem Tee

Im gleichnamigen, besonders frommen Stadtteil steht die Fatih-Moschee

serloge am Hippodrom stammen sollen. Rechts neben dem Hauptgebäude der Moschee befinden sich die Mausoleen von Süleyman und seiner Hauptfrau Haseki Hürrem, die in der westeuropäischen Literatur unter dem Namen Roxelane bekannt und berüchtigt war.

An die dem Goldenen Horn abgewandten Seite der Moschee schließen sich als weitere Teile des Komplexes die Armenküche, die Hochschule und die Karawanserei an. Zum Goldenen Horn hin hat der Chef aller İstanbuler Moscheen seinen Sitz. *Tgl. 9–18 Uhr | Prof. Sıddık Sami Onar Cad. 1–45 | H4*

14 PANTOKRATOR-KLOSTER (MOLLA ZEYREK CAMII)

Das Kloster aus dem 12. Jh. wurde nach der Eroberung İstanbuls in einen Moscheenkomplex umgewandelt. Die Wiederherstellung des Klosters ist den türkischen Architekten hervorragend gelungen. Der Pantokrator besteht eigentlich aus drei Kirchen, die später zusammengefasst wurden. Somit ist das Kloster nach der Hagia Sophia der besterhaltene Bau der byzantinischen Ära. Die Altstadt rund um das Gebäude ist teilweise verfallen, aber sehr authentisch. *Di–So 9–17 Uhr | Eintritt ca. 4 Euro | İbadethane Sok. 2 | G3*

15 VALENS-AQUÄDUKT (BOZDOĞAN KEMERI)

Dieser rund 800 m lange Aquädukt ist eines der auffälligsten Denkmäler aus der frühen byzantinischen Zeit. Er wurde in der zweiten Hälfte des 4. Jhs. unter Kaiser Valens als Teil der Wasserzufuhr der Stadt erbaut. Der Valens-Aquädukt ist neben der Yerebatan-Zisterne die beeindruckendste Erinnerung an die Ingenieursleistungen der Byzantiner. *Atatürk Bulvarı | G4*

16 FATIH-MOSCHEE (FATIH CAMII)

Diese Moschee wäre die älteste İstanbuls, wäre sie nicht 1776 durch ein Erdbeben zerstört und im Anschluss neu aufgebaut worden. Der ursprüngliche Bau wurde 1463 von Mehmet II. in Auftrag gegeben und sollte die muslimische Antwort auf die Hagia Sophia sein. Deshalb wurde auch dieser Standort bewusst gewählt. Die Fatih Camii entstand auf den Ruinen der Kirche der Heiligen Apostel, auf dem vierten Hügel der Stadt, der zu byzantinischen Zeiten die Nekropole der Kaiser war. Angeblich wurde hier auch Konstantin der Große beigesetzt. Mit der Moschee setzte sich Sultan Mehmet II., der den Beinamen Fatih („der Eroberer") trug, ein Denkmal. Von der alten Moschee aus dem 15. Jh. haben nur die drei Portiken des Vorhofs, das Haupttor des Gebetssaals und dessen *mihrab* (Gebetsnische) das Erdbeben überstanden. Im Hof der Moschee steht das Mausoleum des Eroberers und seiner Frau Gülbahar. Die Moschee und der sie umgebende Komplex sind Mittelpunkt des gleichnamigen Stadtteils, der zu den frommsten Bezirken İstanbuls zählt. *Tgl. 9.30–18 Uhr | İslambol Cad. | F3*

17 FENER & BALAT

Wie aus dem Bilderbuch der neoklassischen Architektur: Die beiden Stadtteile am Goldenen Horn zeugen vom verblichenen Glanz der griechischen und jüdischen Präsenz im alten Konstantinopel. Das orthodoxe Patriarchat, die Kirchen und Schulen von Fener sind heute noch in griechischer Hand. Die Häuser gehörten den Phanarioten, einem Bürgertum, das im Osmanischen Reich Diplomaten und Dolmetscher stellte. Im benachbarten, ehemals jüdischen Balat hausen heute eher Arme in Gebäuden, die vielfach den Davidstern über dem Tor eingraviert haben.

Herausragende Ziele sind das *Griechische Jungengymnasium* mit roten Ziegeln, die im 15. Jh. extra aus Marseille importiert wurden. In den Hauptstraßen *Vodina* und *Yıldırım* findest du jede Menge Cafés und kleine Boutiquen. Für die besten Insta-Shots eignen sich die *Kiremit Caddesi* und die Treppen in *Merdivenli Yokuş*. Achtung: Morgens ist es hier noch ruhig, die Massen rücken nachmittags an! Am Anfang oder zum Abschluss kannst du die bulgarische Kirche *Sveti Stefan* am Meer besuchen, eine Kuriosität insofern, als dass sie ursprünglich in Wien aus Eisen erbaut und zerlegt, über die Donau hierhin verschifft und vor Ort wieder zusammengesetzt wurde. Den Spaziergang kannst du in der Kneipe *Agora 1890 (Di–So 12–1 Uhr | Mürselpasa Cad. 185 | Tel. 0546 6312130 | agora1890.com | €)* abschließen – eine Institution mit hervorragendem Essen. *Boote von Karaköy | F1*

18 STADTMAUERN (SURLAR)

Die bereits im Jahr 412 unter Kaiser Theodosius II. errichtete Stadtmauer ist so massiv, dass sie 1000 Jahre lang, bis zur Eroberung durch die Osmanen 1453, nie bezwungen werden konnte und bis heute in großen Teilen erhalten geblieben ist. Die 5 m breite und bis zu 11 m hohe Hauptmauer erstreckt sich vom Marmara-Meer bis zum Goldenen Horn. Dadurch war die Stadt vom Land her komplett geschützt. Anschauen kannst du sie preiswert und gut von der S-Bahn Sirkeci-Halkali aus. Da die 22 km langen Stadtmauern mit ihren zahlreichen Nischen oft Obdachlosen und Drogenabhängigen als Unterkunft dienen, ist von einem Besuch auf eigene Faust abzuraten. *ca. 1 Std.* | *A-C 1-8*

19 YEDIKULE

Yedikule („Sieben Türme") heißt die Festung direkt im Schnittpunkt der Theodosianischen Landmauer mit der Seemauer am Marmara-Meer. Die Anlage ist eine Mischung aus byzantinischen und osmanischen Elementen. In die Festung eingemauert ist das *Goldene Tor,* durch das die byzantinischen Kaiser nach gewonnener Schlacht im Triumphzug wieder in die Stadt ritten. Du kannst über *yedikulehisari.com* Tages- und Nachttouren in der Burganlage buchen. Heute finden hier im Sommer Konzerte statt. *Tgl. 9–18.30 Uhr | Eintritt ca. 5 Euro | Yedikule Meydanı | 1 Std. | h5-6*

20 EYÜP

Eyüp ist das „heilige Viertel" İstanbuls und mit dem Schrein von Eyüp Ensari, dem Fahnenträger Mohammeds, der bei der ersten arabischen Belagerung Konstantinopels im 7. Jh. hier sein Leben ließ, ein wichtiger Wallfahrtsort für Alt und Jung. Gleich nach der Eroberung der Stadt 1453 ließ Mehmet II. zu Ehren des Märtyrers eine große Moschee bauen und dessen Gebeine feierlich zum zweiten Mal beisetzen. Damit begannen die Osmanen, ihrer Hauptstadt zielstrebig mehr Gewicht in der islamischen Welt zu verschaffen. Heute besuchen Gläubige aus der ganzen Türkei den heiligen Ort. Neben der Moschee liegt ein großer Friedhof, durch den ein schöner Spazierweg führt. Über den Weg gelangt man den Hang hinauf. *Bus und Fähre „Haliç Hattı"; Abfahrt 7.45–21, So 10.45–20 Uhr, von Karaköy und Eminönü; zudem fährt eine 420 m lange Seilbahn auf den Hügel: tgl. 8–23, im Winter bis 22 Uhr | Ticket ca. 50 Cent | ca. 2 Std. | h5*

BEYOĞLU

Die alte Pera, der europäisch-moderne Teil der Stadt, hat Pariser Flair. Bis zum Bosporus herunter findest du hier Cafés, Restaurants, Läden und charmante Hotels.

Auch wenn die Fußgängerzone İstiklal Caddesi sich in den letzten Jahren ziemlich den Bedürfnissen arabischer Touristen angepasst hat, sind doch immer noch genügend Restaurants, coole Kneipen und Musikhallen vorhanden, um hier einen aufregenden Abend zu verbringen. Außerdem findest du in Beyoğlu etliche Galerien und Museen, die moderne türkische Kunst präsentieren.

21 SALT

Die Familie Şahenk, der das Bankhaus Garanti gehört, brachte ihre Kunst- und Kultureinrichtungen unter ein Dach: Das *SALT Galata* ist architektonisch eine Augenweide. Besuchen kannst du hier das Museum der ehemaligen Banque Ottomane sowie deren Wirtschafts- und Sozialarchive.

INSIDER-TIPP
Hier gehst du stilvoll ins Netz

Im Café und in der Bibliothek kannst du gemütlich Mails checken. Am Corporate Design des *SALT* war übrigens das Berliner Studio 123buero beteiligt. *Di–Sa 11–19, So bis 18 Uhr | Bankalar Cad. 11 | Eintritt frei | saltonline.org |* *K2*

22 GALATA-TURM (GALATA KULESI) ★

Wer einen spektakulären Rundblick über İstanbul genießen will, darf sich den Galata-Turm nicht entgehen lassen, selbst wenn sich vor dem Eingang schon eine Schlange gebildet hat. Der 1348 erbaute Turm war seinerzeit das höchste Glied einer Befestigungsanlage und erhebt sich über 66 m hoch über dem Goldenen Horn. Unterhalb der Turmspitze ist eine offene Galerie, von der aus man einen wunderbaren Blick auf die ehemals europäische Altstadt und die berühmte Kulisse von Sultanahmet und Beyazıt hat – ein beliebter Platz für Filmproduktionen! Fahr mit dem Aufzug hinauf, an einem Restaurant vorbei geht es dann noch eine Treppe zur Aussichtsgalerie hoch. *Tgl. 8.30–23, Kasse schließt um 22 Uhr | Eintritt ca. 22 Euro | Büyük Hendek Cad. | ca. 1 Std. | K2*

23 TOPHANE

Ein tolles Exemplar osmanischer Brunnen findest du in Tophane, am Ende des Hafengebiets von Karaköy. 2001 restauriert, strahlen die Marmorreliefs des 1732 im europäischen Barockstil erbauten Brunnens heute wieder in makellosem Weiß. Auf

Sommerkonzerte im alten Gemäuer: die Festung Yedikule

der gegenüberliegenden Straßenseite steht *Tophane-i Amire*, die Kanonengießerei, die Sultan Mehmet II. 1453 kurz nach der Eroberung Konstantinopels erbauen ließ. Der massive Bau wurde ebenfalls restauriert und dient heute der Kunstakademie als *Museum (tgl. 10–19 Uhr)* mit wechselnden Austellungen.

Links hinter einem kleinen Park liegt einer der Treffpunkte der İstanbuler Alternativkultur. Im *Depo (Di–So 11–19 Uhr | Eintritt frei | Tütün Deposu, Lüleci Hendek Cad. 12 | depoistanbul.net)*, einem ehemaligen Tabaklager, finden Ausstellungen und Veranstaltungen statt, bei denen auch Themen wie die Armenierfrage behandelt werden.

INSIDER-TIPP
Ausstellung im Tabaklager

Moderne Kunst im Galataport: Museum für Türkische Malerei und Skulptur

Aus einem Nebengebäude im Hof sendet *Acik-Radio (Open Radio)*, der bekannteste Alternativsender der Stadt. Vom *Depo* aus führt die Straße wieder den Hügel hinauf zum Galata-Turm und von dort zur İstiklal Caddesi und zum Taksim-Platz. L2

24 GALATAPORT ★

İstanbuls neuer Kreuzfahrthafen ist unbedingt einen Besuch wert: Sechs Jahre dauerte der Bau, in den zwei große Firmen 1,7 Mrd. US-$ investierten. Entstanden ist ein Hotspot am Meer mit Läden, Restaurants und zwei Kunstmuseen, die zu den besten der Stadt gehören. Vom 1,2 km langen, breiten Pier aus schaut man auf die ganze Stadt – Kaffee und Kuchen werden hier zum Erlebnis! Drei große Schiffe finden Platz am Kai und die Passagiere werden unterirdisch abgefertigt. Das mondäne Hotel *The Peninsula* bietet Zimmer mit exklusivem Blick auf Topkapı & Co.

☂ *İstanbul Modern (Di–So 10–18, Fr bis 20 Uhr | Tophane İskele Cad. 1 | Eintritt ca. 12 Euro)* heißt das Museum für moderne Kunst, das 2023 hier seine Tore öffnete, nachdem es zuvor in einer alten Lagerhalle hauste. Das neue Gebäude entwarf der Stararchitekt Renzo Piano. Die ständige Kollektion zeigt herausragende Werke türkischer Künstler; daneben gibt es wechselnde Ausstellungen. Im benachbarten *Museum für Türkische Malerei und Skulptur (Türk Resim ve Heykel Müzesi) (Di–So 10–17, Di bis 20 Uhr | Meclis-i Mebusan Cad. 6 | Eintritt ca. 10 Euro)* mit den Sammlungen der İstanbuler Kunstakademie kannst du den Werdegang der türkischen Kunst von den Anfängen an nachvollziehen.

Zum Kaffeetrinken und Essen eignen sich viele Lokale; besonders empfehlenswert sind das *Divan (tgl. 10–22.30 Uhr | Tel. 0212 6 08 00 88 | €€)* sowie *Liman İstanbul* (s. S. 71) – beide mit Blick aufs Meer. *Tgl. 10–22 Uhr (Restaurants länger) | Eintritt frei | Kılıçali Paşa Mah., Meclis-i Mebusan Cad. 8 |* M1

25 MEVLEVI-KLOSTER (GALATA MEVLEVIHANESI) ⚑

Direkt am Ende der İstiklal Caddesi in Richtung Tünel liegt das berühmteste Sufi-Kloster İstanbuls Es wurde 1491 gegründet und ist vor allem für die tanzenden Derwische *(sema)* bekannt. Es gibt regelmäßige Aufführungen im historischen Ambiente *(Aushang*

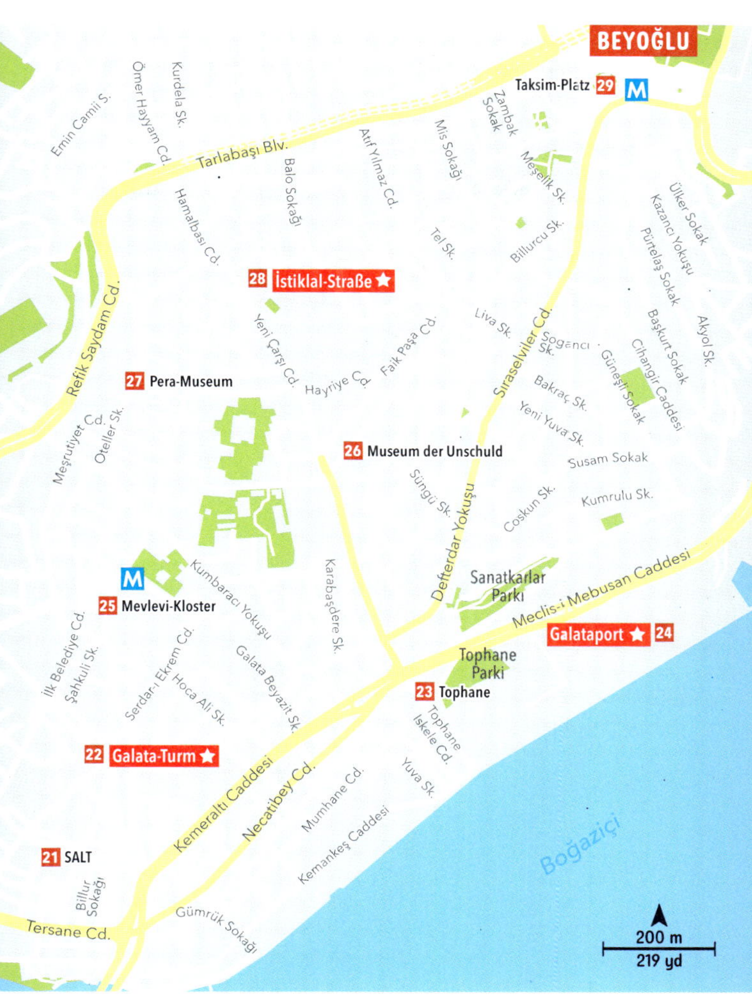

vor dem Kloster beachten)* sowie Musikinstrumente anzuschauen. Am 17. Dezember findet zum Todestag des Sektengründers Rumi (türk. Mevlana) eine besondere Zeremonie statt. *Di–So 9–19 Uhr | Eintritt ca. 5 Euro | Galip Dede Cad. 15 | Tel. 0216 2 45 41 41 | galatamevlevihanesimuzesi.gov.tr | K1*

26 MUSEUM DER UNSCHULD (MASUMIYET MÜZESI)

„Damit habe ich mir einen Lebenstraum verwirklicht" – Orhan Pamuk, der türkische Nobelpreisträger für Literatur, erzählt in seinem Roman „Das Museum der Unschuld" (2008) eine – natürlich unglückliche – Liebesgeschichte aus dem İstanbul der 1970er-Jahre. So wie sein Protagonist Kemal im Buch begann der Autor im realen Leben noch während des Schreibens, kleine Objekte zu sammeln, die zu dieser Liebesgeschichte gehörten. Ein Haus unweit der Prachtmeile İstiklal wurde aufgekauft und restauriert. Als das Museum seine Tore öffnete, erkannte man, dass es sich zu einer Art Museum der Alltagskultur İstanbuls entwickelt hatte. Im Museumsshop gibt es neben den Büchern Pamuks auch kleine Souvenirs zu erwerben. *Di–So 10–18 Uhr | Eintritt ca. 10 Euro | Çukurcuma Cad., Dalgıç Çıkmazı 2 | masumiyetmuzesi.org |* *m–n6*

27 PERA-MUSEUM

Ein Muss für jeden Kunstliebhaber ist der Besuch in diesem kleinen, aber feinen Museum: Die Kunstmäzene Suna und İnan Kiraç kauften das 1893 erbaute Gründerzeithaus in Tepebaşı und restaurierten es. Permanent werden orientalistische Malerei, osmanische Keramiken und Messinstrumente sowie alte İstanbul-Fotografien aus der Sammlung der Stifter ausgestellt. Daneben finden hier wichtige temporäre Ausstellungen moderner Kunst statt. Schönes Café im Foyer. *Di–Sa 10–19, Fr bis 22, So 12–18 Uhr | Eintritt ca. 4 Euro, Fr 18–22 Uhr gratis | Meşrutiyet Cad. 65 | peramuzesi.org.tr |* *l5*

28 İSTIKLAL-STRASSE (İSTIKLAL CADDESI) ★

Die 1,4 km lange Fußgängerzone mit ihrer nostalgischen Straßenbahn ist das lebendige Zentrum İstanbuls. Vom Taksim-Platz bis zum oberen Ausgang der Zahnradbahn Tünel zieht sich die historische Prachtstraße durch den Stadtteil Beyoğlu, der mit den westlichen Konsulaten und Kulturzentren zum Inbegriff der Verwestlichung geworden ist. Wer in İstanbul ins Kino, in eine Bar, ein Café oder ein Musiklokal gehen will, landet oft hier. Zwei Shoppingmalls und viele schöne Geschäfte laden zum Stöbern ein, Antiquariate, Kunstgalerien (wie *Arter, Nr. 211* oder *Galeri Nev, Nr. 163*) und Buchläden machen die Straße aber auch zum kulturellen Zentrum.

Entlang der İstiklal gibt es mehr Kirchen als Moscheen, die größte ist die katholische *Sankt-Anton-Kirche (Nr. 171)*. Vor allem im unteren Drittel liegen hinter hohen Mauern ausländische Konsulate, oft prächtige Gebäude, die in osmanischen Zeiten Botschaften waren.

Auch andere Häuser wie das Galatasaray-Gymnasium und große Passagen erinnern daran, dass sich gegen Ende des 19. Jhs. hier vor allem reiche Europäer niedergelassen hatten. Ein 2023 restauriertes Kleinod, das sogenannte *Botter-Haus (Nr. 235)*, gehörte z. B. dem holländischen Schneider des Sultans, Jean Botter. Gleich daneben *(Nr. 237)*: der deutsche Buchladen von Thomas Mühlbauer mit hervorragendem Kaffee! *m–o 3–4*

29 TAKSIM-PLATZ (TAKSIM MEYDANI)

Taksim, der größte und zentrale Platz in der İstanbuler Neustadt, ist der ideale Ausgangspunkt für deinen Spaziergang durch Beyoğlu. Der Platz ist gesäumt von großen Luxushotels, einer neu gebauten Moschee auf der einen und des Atatürk-Kulturzentrums auf der anderen Seite. Seit der Verkehr teilweise durch einen Tunnel unter dem Platz geführt wird, ist eine große, verkehrsfreie Fläche entstanden. Der Platz wurde in den 1930er-Jahren mit dem Denkmal der Republik als neues Symbol der modernen Türkei angelegt. In den 1970er-Jahren wurde er zum Hauptdemonstrationsplatz der Stadt. Unvergessen ist die Kundgebung zum 1. Mai 1977: Durch Provokationen von Seiten der extremen Rechten nahm sie ein blutiges Ende und forderte zahlreiche Todesopfer. Im Jahr 2013 war der Taksim-Platz mit dem angrenzenden Gezi-Park dann Schauplatz eines Aufstandes der säkularen, städtischen Jugend gegen Präsident Erdoğan, der aber auch gewaltsam beendet wurde. „Istanbul United" (von Olli Waldhauer und Fared Eslam) ist eine sehr gute Dokumentation über die Gezi-Proteste und die gemeinsame Beteiligung der rivalisierenden Fußballfans daran. Heute ist der Taksim-Platz vor allem ein verkehrsgünstiger Treffpunkt, um von hier aus einen Spaziergang in die İstiklal Caddesi und ihre angrenzenden Viertel zu starten. p2

Der zentrale Taksim-Platz in der Neustadt ist auch Ort vieler Demonstrationen

DAS EURO-PÄISCHE BOSPORUS-UFER

Am europäischen Ufer des Bosporus, angefangen mit dem Dolmabahçe-Sultanspalast in Beşiktaş bis zu den Sommeresidenzen der Botschaften in Tarabya, liegen die Repräsentationsbauten der Osmanen und die ansehnlichen Viertel der Wohlhabenden der Stadt.
Dazwischen sind wunderbare Parks und Ausflugsorte, die einen Abstecher zum Vergnügen machen.

30 DOLMABAHÇE-PALAST (DOLMABAHÇE SARAYI)

1856 errichtet, wurde der 250 000 m^2 große Palast am Bosporus bald zum neuen Sultanssitz. Im Zuge der Modernisierung des Osmanischen Reichs verließ Sultan Abdülmecit den Topkapı-Palast und zog hierher. Gold, Marmor und Kristalle wurden beim Bau großzügig eingesetzt, die Möbel in Paris und Prag bestellt. Der riesige Palast mit seiner 500 m langen Wasserfront trägt die Handschrift der armenischen Architektenfamilie Balyan, die über vier Generationen İstanbul mit neoklassizistischen Prachtbauten schmückte. Der Dolmabahçe-Palast beherbergt heute auch das Sterbebett Mustafa Kemal Atatürks, des Gründers der modernen Republik. Es wird rund um die Uhr von einem Soldaten bewacht.

Als Besucher kann man sich einer von zwei Führungen anschließen: Eine zeigt den öffentlichen Bereich, die zweite den alten Harem und die Privaträume der Sultane. Um alles zu besichtigen, solltest du bis 13 Uhr hier sein; es lohnt sich! *Tgl. außer Mo und Do 9–17.30 Uhr | Eintritt ca. 22 Euro (eine Woche gültig) | Dolmabahçe Cad. | Dolmabahçe | millisaraylar.gov.tr |* *j5*

31 SCHIFFFAHRTSMUSEUM (DENIZ MÜZESI)

Das Marinemuseum ist kein reines Militärmuseum, sondern gibt einen guten Überblick über die osmanische Seefahrt insgesamt. Für nautisch Interessierte ist es eine kleine Fundgrube, weil es neben einer Vielzahl von Schiffsmodellen auch alte osmanische Seekarten und Navigationsinstrumente zeigt. Der Hit aber ist eine Sammlung der Sultansbarken, die du dir nicht entgehen lassen solltest. *Di–So 9–17, Sa/So 10–18 Uhr | Eintritt ca. 2 Euro | Barbaros Hayrettin Paşa İskelesi Sok. | Beşiktaş |* *j5*

32 NIŞANTAŞI

Oberhalb des Dolmabahçe-Palastes geht es zu den bürgerlichen Wohn- und Geschäftsvierteln İstanbuls. Nişantaşı ist voller Boutiquen, Cafés und Kunstgalerien. Ein Hauch von Paris weht durch die Straßen, die Damen sind en vogue gekleidet, man führt seinen Hund Gassi. Hier findest du Restaurants aller Küchen und Preislagen, hippe Clubs und gediegene Pubs. In den Gassen rund um die Kreuzung Abdi İpekçi–Tesvikiye Caddesi sind auch Lofts und moderne Ferienwohnungen zu mieten. In zahllosen Geschäften werden u. a. Produkte türkischer Designer angeboten. Wer sich von diesem urbanen Gefühl anstecken lässt, schließt seinen Bummel in der noblen Shoppingmall *Kanyon* (s. S. 90) in Levent ab. *h4*

33 YILDIZ-PALAST (YILDIZ SARAYI) & PARK

Sultan Abdulhamid II. (1876–1909) wohnte und arbeitete jahrzehntelang hinter den hohen Mauern des Yıldız-Palasts, den er sich auf den Hängen von Beşiktaş am Bosporus bauen ließ. Heute ist der *Yıldız-Park (Okt.–Mai tgl. 9–18, Juni–Sept. tgl. 9–20 Uhr | Eingang von der Çırağan Cad. | Beşiktaş)* eine grüne Oase in der City. Der größte Pavillon *(Malta Köşkü)* wurde früher für Staatsempfänge genutzt und beherbergt ein Museum. *Malta Köşkü* und der *Çadır-Pavillon* sind ebenfalls zugänglich. Darin sind Cafés *(tgl. 10–18 Uhr | €€)* untergebracht. Besonders an Wochentagen kannst du im Park ungestört spazieren gehen und nachempfinden, wie die Sultane hier einst Erholung fanden. *j5*

34 ORTAKÖY

Ortaköy ist von Beşiktaş kommend das erste ehemalige Fischerdorf am Bosporus. Es erstreckt sich vom Ufer aus auf die Hügel oberhalb der Meerenge. Hier kamen schon immer verschiedene Kulturen zusammen: Zwei Kirchen, eine Synagoge und eine Moschee liegen im Uferbereich dicht beieinander. Der *Ortaköy-Platz* ist ein schöner Ort für eine Pause: Lass den

Neoklassizistische Pracht des Dolmabahçe-Palasts – da guckt man gerne mal rein

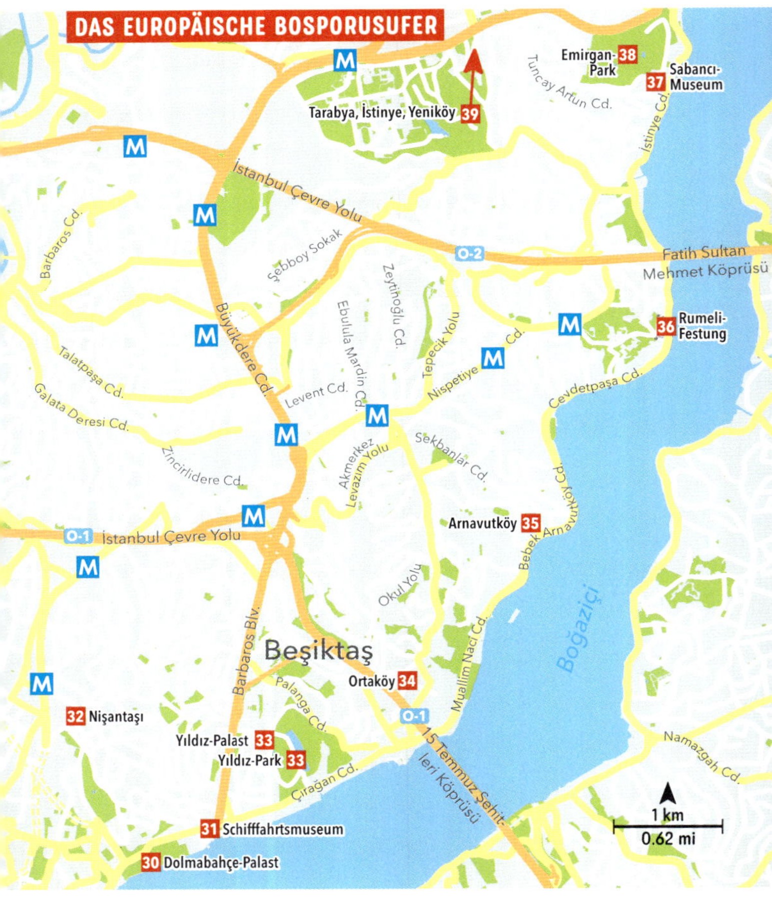

Blick über den Bosporus schweifen oder beobachte das Treiben im Dorf. Am Bosporus angrenzend gibt es einen lebhaften und florierenden Kleinkunstmarkt. Das Wahrzeichen des Viertels ist die barocke *Ortaköy-Moschee* mit zwei schlanken Minaretten. Der Sultan pflegte im 19. Jh. mit seinem stattlichen Boot vom Dolmabahçe-Palast zum freitäglichen Gebet hierher überzusetzen. In Ortaköy gibt es einladende Hotels und Restaurants am Meer, aber auch Streetfood. *Bus von Beşiktaş* | *j4–5*

35 ARNAVUTKÖY

Das malerische Arnavutköy ist eines der bevorzugten Viertel für betuchte Ausländer. Der Name Arnavutköy, „Dorf der Albaner", verweist darauf, dass dieser Platz im 15. Jh. von albanischen Einwanderern erbaut wurde. Später lebten viele İstanbuler Griechen hier.

Arnavutköy zieht sich entlang eines ausgetrockneten Zuflusses der Meerenge.

INSIDER-TIPP
Lecker Fisch zum Spottpreis

Am Meer gibt es einige sehr empfehlenswerte Fischlokale, z. B. Adem Baba *(tgl. | Satış Meydani Sok. 2–5 | adembaba.com | €)*. Auf dem Hügel hinter Arnavutköy liegt der Campus der Boğaziçi-Universität, weiter nördlich geht es auf die *Akıntı Burnu* zu: Hier, am „Kap der Strömung", erreicht die Fließgeschwindigkeit des Schwarzen Meers an der Oberfläche stattliche 12 Meilen pro Stunde – definitiv kein Schwimmrevier! *Bus und dolmuş von Beşiktaş | j4*

36 RUMELI-FESTUNG (RUMELI HISARI)

Auf dem Weg den Bosporus hinauf erreichst du nach Arnavutköy als nächstes die große Rumeli-Burg. Sultan Mehmet II., der Konstantinopel später für die Osmanen eroberte, soll den Plan der Festungsanlage eigenhändig gezeichnet haben, weshalb er von oben in arabischen Buchstaben das Wort Mehmet ergibt. Das besagt zumindest eine der vielen Stadtlegenden. Fest steht jedenfalls, dass die Burg, die 1452 fertiggestellt wurde, eine wesentliche Rolle bei der Eroberung Konstantinopels durch die Türken spielte. Natürlich kannst du auch auf den Mauern herumklettern. Im Sommer finden im Burgtheater Konzerte statt. Rund um die Anlage gibt es Cafés und Restaurants. *Do–Di 9–19 (Nov.–April bis 18) Uhr | Eintritt ca. 2,50 Euro | Yahya Kemal Cad. 42 | Rumelihisari-Sarıyer | Tel. 0212 2635305 | j4*

37 SABANCI-MUSEUM

Im Ort Emirgan hat die Familie Sabancı, eine der reichsten türkischen Industriellenfamilien, ihre großartige Stadtvilla in ein privates Museum umgewandelt. Neben Dauerausstellungen osmanisch-türkischer Maler finden hier mehrmals im Jahr spektakuläre Präsentationen statt – z. B. von Werken Picassos und Rodins. Die sommerlichen Jazzkonzerte sind ideal zum Chillen. *Di, Do–So 10–18 Uhr | Eintritt ca. 3,50 Euro, Mi Eintritt frei | Sakıp Sabancı Cad. 42 | Atlı Köşk | Emirgan | sakipsabancimuzesi.org/tr | j4*

38 EMIRGAN-PARK (EMIRGAN PARKI)

Der wunderbare Park (472 000 m²) oberhalb des Bosporusdorfs Emirgan ist vor allem für seine Tulpenpracht und seine drei kleinen Schlösschen berühmt. Wenn ab Mitte April das Tulpenfest *(Lale Bayrami)* beginnt, blüht der Park in unzähligen Farben. Die drei Pavillons stammen aus dem 19. Jh. und sind mit ihren Terrassen als Cafés bzw. Restaurant zugänglich. *Im Winter geschl. | Eingang Emirgan | Bus oder Taxi von Beşiktaş | Emirgan | j3*

39 TARABYA/İSTINYE/YENIKÖY

Nördlich der zweiten Bosporusbrücke liegen die idyllischen Orte İstinye, Yeniköy und Tarabya, das seinen Namen vom griechischen Therapia ableitet. Das Ufer Tarabyas säumen die große Villa des Mauser- und Krupp-Vertreters Auguste Huber aus dem späten 19. Jh., heute im Besitz des türkischen Staatspräsidenten, und der Sommersitz der Deutschen Botschaft: Schöne Holzvillen im Wäldchen, ein Geschenk des Sultans Abdulhamit II. an das Deutsche Reich. In İstinye gibt es eine schöne Marina mit Cafés. In allen drei Orten, die man zu Fuß erkunden kann, gibt es schöne Lokale, z. B. das Kaffeehaus *Yeniköy Kahve (Kürkçü Faik Sok. 4 | Yeniköy)* mit Bosporusblick und gutem Frühstück, das *İskele Restaurant (İskele Sok. 7 | Köybaşı Cad. | Tel. 0212 2 62 73 73 | €€)* über dem Fähranleger Yeniköy oder seit 1964 *das* Fischrestaurant İstanbuls am Bosporus: *Kıyı (tgl. 12–24 Uhr | Haydar Aliyev Cad. 186 | Tel. 0212 2 62 00 02 | kiyi.com.tr | €€€)* in Tarabya mit sensationellem Meerblick. *j3*

DIE ASIATISCHE SEITE

Die asiatische Seite der Stadt hat zwei historische Zentren: Kadıköy, das antike Chalkedon, und Üsküdar, das alte Scutari, ebenfalls seit der Antike besiedelt.

Obwohl in Kadıköy kein historisches Monument überlebt hat, ist der Stadtteil, der allein fast so viele Einwohner wie Berlin hat, allemal einen Besuch

Schauplatz einer tragischen Lovestory: der Leander-Turm

wert. Insgesamt ist die asiatische Seite der modernere, weil in weiten Teilen erst in den letzten 50 Jahren erbaute Teil der Stadt.

40 KADIKÖY ★

İstanbuler nennen die asiatische Seite gerne insgesamt so: Kadıköy umfasst heute das südöstliche Stadtgebiet am Marmara-Meer. Mit langen Shoppingmeilen, einem wunderbaren Markt samt Fischlokalen hinter den Anlegestellen, vielen Buchläden und Boutiquen ist Kadıköy heute eine lebendige Bastion des säkularen Mittelstands. In der Kneipengasse im Markt hängen überall Fernseher, wo am Wochenende die Spiele der Süperlig übertragen werden, was den halben Markt in ein Stadion verwandelt. Hier gibt es neben Moscheen auch armenische und griechische Kirchen, die an Sonn- und Festtagen rege besucht werden. Südlich liegt der mondäne Stadtteil *Moda* mit ausgedehnten Teegärten am Meer, mit Eisdielen und einem Abenteuerspielplatz. *Fähre von Karaköy und Eminönü, U-Bahn von Taksim bzw. Şişhane-Tünel* | *j6*

INSIDER-TIPP
Public Viewing bei Rakı & Fisch

41 HAYDARPASCHA-BAHNHOF (HAYDARPAŞA GARI)

Am nördlichen Ende des Kadıköy-Hafens liegt der ehemalige Haydarpascha-Bahnhof, der nach dem Bau der Marmaray-Bahn stillgelegt wurde. Bis zum Bau des Marmaray-Tunnels unter dem Bosporus kamen hier die Fähren vom europäischen Sirkeci-Bahnhof an. Gebaut wurde der Bahnhof zu Beginn des 20. Jhs. von den Deutschen, da er der Ausgangspunkt des deutschen Orientprojekts, der Bagdad-Bahn, werden sollte. Das prächtige Bahnhofsgebäude wird restauriert und später vermutlich ein Hotel. *İstasyon Cad.* | *Haydarpaşa* | *j6*

42 LEANDER-TURM (KIZ KULESI)

Von der Uferstraße von Kadıköy nach Üsküdar schaut man linker Hand auf den Leander-Turm. Der „Mädchen"-Turm wurde im 18. Jh. auf einer winzigen Insel im Einfahrtsbereich des Bosporus gebaut. 2023 restauriert, war er früher eine Zollstation, wo die Schiffe, die den Bosporus durchqueren wollten, ihren Obulus entrichten mussten. Der Legende nach wurde der Leander-Turm gebaut, um dort die Tochter eines Sultans in Sicherheit zu bringen. Ein Wahrsager hatte ihr prophezeit, dass sie Schlangenbissen zum Opfer fallen würde. Nach einer anderen Sage aus der griechischen Mythologie soll der Held Leander allabendlich den Hellespont durchschwommen haben, um zu seiner Geliebten Hero zu gelangen. Am Ende ertrank er dabei und auch Hero stürzte sich aus Trauer über das Unglück ins Meer. *Tgl. 9–20 Uhr* | *Eintritt ca. 15 Euro (mit Überfahrt)* | *kizkulesi.com.tr* | *Boote in kurzen Abständen von Üsküdar, direkt gegenüber dem Turm, oder von Ortaköy und Sarayburnu auf der europäischen Seite, nachts nur von Üsküdar und Ortaköy; von Galataport tgl. Boote um 11, 12.30, 14.15, 15.30 und 17 Uhr zum Turm, das letzte Boot fährt nicht zurück* | *Üsküdar* | *O3*

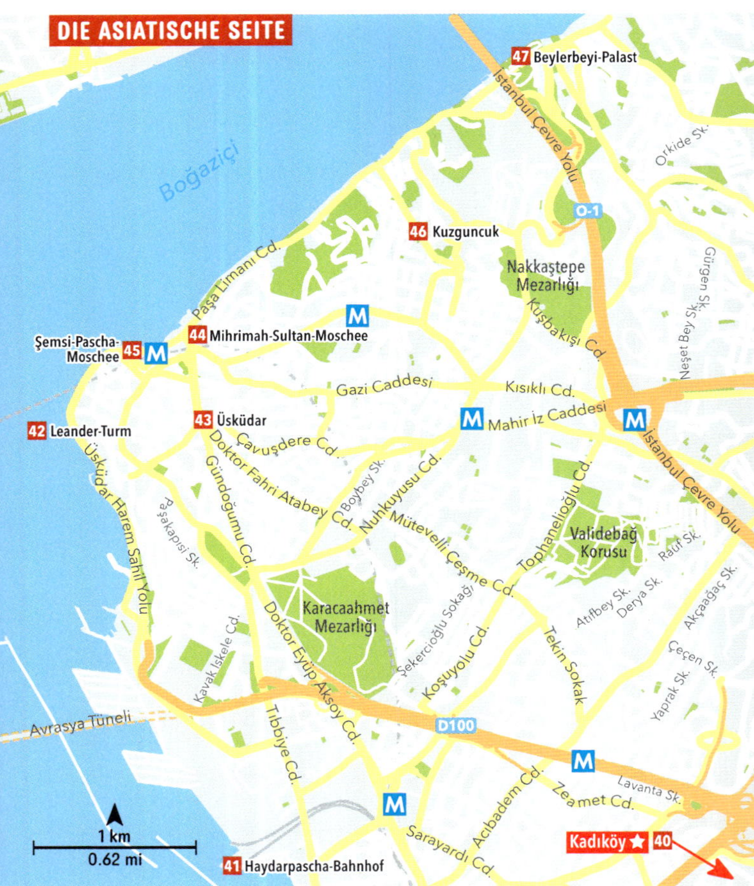

43 ÜSKÜDAR

Schon 1352, rund ein Jahrhundert vor der Eroberung Konstantinopels, hatten die Osmanen Üsküdar eingenommen. Nach der endgültigen Eroberung wurde der Ort zum größten muslimischen Viertel. Es hat seinen frommen Charakter bis heute bewahrt. Fahr entweder mit der U-Bahn (Marmaray) oder mit der Fähre bzw. einem Motorboot von Eminönü, Karaköy, Kabataş oder Beşiktaş hinüber, und lauf durch die Gassen des Viertels. Leider wurden viele alte Holzhäuser durch hässliche Apartment-Blöcke ersetzt, dazwischen steht aber immer wieder eine schöne Moschee, ein Heiligengrab oder ein Sektenhaus. Am Leander-Turm gibt es Teegärten mit Blick auf den Topkapı-Palast. Oberhalb des Stadtteils, Richtung Kadıköy, liegt der größte Friedhof der Stadt, Karacaahmet. *R3*

44 MIHRIMAH-SULTAN-MOSCHEE (MIHRIMAH SULTAN CAMII)

Der Gebäudekomplex gegenüber den Fähranlegestellen von Üsküdar gehört zu den frühen Werken des großen Palastarchitekten Sinan. Die Anlage wurde von Mihrimah Sultan, der Tochter Suleimans des Prächtigen, in Auftrag gegeben und 1548 fertiggestellt. Der Baumeister ahmte hier den Grundriss der Hagia Sophia nach. *Tgl. 8–18 Uhr | Üsküdar Meydanı | Üsküdar | R1*

45 ŞEMSI-PASCHA-MOSCHEE (ŞEMSI PAŞA CAMII)

Direkt am Ufer von Üsküdar gegenüber dem Topkapı-Palast liegt eine der schönsten kleinen Moscheen. Dieses Kleinod wurde 1580 vom Meister Sinan erbaut und beherbergt heute u.a. eine modernisierte Stadtbibliothek. *Tgl. 9–19 Uhr | Üsküdar | Q1*

46 KUZGUNCUK

Der pittoreske Stadtteil gehört zu den wenigen Bosporusdörfern, die ihren Charakter behalten haben. Zwischen dem Zentrum Üsküdars und der ersten Bosporusbrücke gelegen, beherbergt Kuzguncuk viele alte Holzhäuser und Villen, die von zugezogenen Künstlern und Intellektuellen liebevoll restauriert wurden. Buchläden, Kunstgalerien und Straßencafés zieren die lebendige Hauptstraße İcadiye. Die Architektur gibt das Gefühl der osmanischen Lebensweise wieder.

INSIDER-TIPP
Zeitreise zu den Osmanen

Einst eine jüdische Siedlung, besitzt Kuzguncuk heute noch eine der meistbesuchten Synagogen der Stadt. Daneben reihen sich Kirche und Moschee ein – das multikulturelle Leben hat zwar durch den Exodus der Juden nach Israel und den Zuzug von Fischern aus dem Schwarzmeergebiet etwas gelitten, ist aber noch intakt. *Fähre/Bus von Beşiktaş, Taxi/zu Fuß von Üsküdar | j5*

47 BEYLERBEYI-PALAST (BEYLERBEYI SARAYI)

Nach Kuzguncuk, unter der Bosporosbrücke hindurch, liegt einer der bedeutendsten Sultanspaläste des 19. Jhs., der Beylerbeyi-Palast. Er wurde 1861–65 im Auftrag von Sultan Abdülaziz erbaut und diente lange als Sommerresidenz für den Sultan und seine Familie. Nach dem Besuch des Palasts bietet sich ein Mittagessen am Wasser im gleichnamigen Ort Beylerbeyi an. Am Bosporusufer gibt es auch eine schöne *Promenade*, wo du dir unter alten Platanen die Beine vertreten kannst. *Di–So 9–18 Uhr | Eintritt ca. 7,50 Euro | Çayırbaşı Durağı | Beylerbeyi | Üsküdar | Tel. 0216 3 21 93 20 | j5*

AUSFLÜGE

48 BOOTSFAHRT ÜBER DEN BOSPORUS ★

Die große Bootstour über den Bosporus gehört zu den schönsten Erlebnissen, die İstanbul zu bieten hat. Unterwegs passierst du moderne Architektur und historische Sehenswürdigkeiten, schicke Villenviertel und charmante Fischerdörfer – und siehst die grünen Hänge am Ufer in ganzer Pracht.

Bei der langen Tour *(Uzun Boğaz Turu)* fährt die städtische Fähre in 95 Minuten vom *Anleger Boğaz Hattı in Eminönü (bei der Galata-Brücke) (J3)* in den Norden nach *Anadolu Kavağı*, fast bis ins Schwarze Meer. Hier bleibt sie drei Stunden *(Abfahrt tgl. 10.35, Juni–Mitte Sept. auch 12 und 13.35 Uhr, Rückfahrt Mo–Fr 15, 16.15 und 17, Sa–So 15, 16.15 und 18 Uhr | Fahrpreis (hin und zurück) ca. 8 Euro)*.

Die kurze Tour *(Kısa Boğaz Turu)* führt von *Eminönü (Abfahrt tgl. 14.30 Uhr | Fahrpreis (hin und zurück) ca. 5 Euro)* nach *Ortaköy*. Wenn du dann doch noch weiterfahren willst: Von hier starten die zweistündigen Rundfahrten in den Norden *(Abfahrt tgl. 14.50 Uhr)*.

Samstags findet eine Mondscheintour *(Mehtap Gezisi)* statt: ab *Eminönü (J3) (Abfahrt 18.25 Uhr)*, ab *Üsküdar (Q–R1) (Abfahrt 18.40 Uhr)* und ab *Beşiktaş (h5) (Abfahrt 18.50 Uhr | Fahrpreis für alle (hin und zurück) ca. 4 Euro)* nach *Anadolu Kavağı*. Dort gibt es eine Pause für ein Abendessen. Um 22.30 Uhr fährt die Fähre über die genannten Stationen zurück.

49 ÇAMLICA-HÜGEL

Oberhalb von Üsküdar, auf dem Çamlica-Hügel, der mit 262 m höchsten innerstädtischen Erhebung der Stadt, hat Präsident Recep Tayyip Erdoğan die größte Moschee İstanbuls bauen lassen. Tatsächlich hast du von hier oben aus den besten Blick auf die Stadt! Bei gutem Wetter schaut man fast bis zum Schwarzen Meer hinaus und Tee oder Kaffee gibt es im Freien ebenfalls. Die Moschee liegt abseits vom Park auf dem Hügel. *Anfahrt mit dem Taxi von der Schiffsanlegestelle in Üsküdar oder in Kadıköy, ca. 8 Euro | j5*

50 PRINZENINSELN (ADALAR) ★

Ca. 30 km von İstanbul (Kabataş)

Einst Verbannungsort für byzantinische Prinzen sind die Inseln im Südosten İstanbuls heute ein zauberhaftes Ausflugsziel. Im Sommer strömen täglich unzählige Besucher hierher, um sich an den Badestellen zu tummeln. Auf den Inseln ist kein motorisierter Individualverkehr erlaubt. Neben dem Fahrrad *(Miete ab ca. 4 Euro für einen Tag)* sind kleine Elektrobusse das einzige verfügbare Verkehrsmittel. Von den fünf bewohnten Inseln ist *Büyükada* die größte und meistbesuchte. Nach einem langen Spaziergang im Wald kann man hier in einem der sehr guten Fischrestaurants an der Promenade einkehren.

Der Stadt am nächsten liegt *Kınalıada*, die mehrheitlich von İstanbuler Armeniern bewohnt wird.

Auf *Burgazada* hat das Bildungsbürgertum seine Sommervillen. Ein hübscher Fischerhafen mit Tavernen und die kleine Badebucht Kalpazankaya auf der Südseite machen diese Insel zu einem beliebten Ziel der İstanbuler Boheme.

INSIDER-TIPP
Schnuckeliger Hafen zum Entspannen

Auf dem Çamlica-Hügel: schöne Aussicht und die neueste wie größte Moschee İstanbuls

Auf der Nachbarinsel der Büyükada, *Heybeliada*, unterhält die türkische Marine ihre Ausbildungsstätten. Hier leben mittelständische İstanbuler auch den Winter über und verleihen der Insel den Charakter eines Vororts der Metropole.

Die kleinste bewohnte Insel *Sedef* liegt hinter Büyükada. Eine Handvoll Eigentümer haben hier ihre Sommerhäuser, und sie sehen es nicht gern, wenn „Fremde" zum Baden oder Spazierengehen kommen.

Überprüf die veränderlichen Abfahrtszeiten unter *sehirhatlari.com.tr! Städtische Fährschiffe (Ada Vapuru) von Kabataş und Beşiktaş und von Bostancı (Anfahrt nach Bostancı u.a. mit dem dolmuş vom Taksim-Platz) | Motorboote der privaten Gesellschaft Mavi Marmara von Bostancı und Kabataş und Beşiktaş | mavimarmara.net | Tickets ca. 1,80–2,50 Euro | Dauer je nach Einstiegsort und Ziel 30–90 Min. |* *0*

51 SILE & AGVA

Ca. 90 km von İstanbul (Üsküdar)

Die Küstenstädtchen *Sile* und *Agva* auf der asiatischen Seite der Stadt sind die beliebtesten Ausflugsorte İstanbuls am Schwarzen Meer. Lange Sandstrände, kleine Boutiquehotels an Flussmündungen und eine gute Infrastruktur machen die malerischen Orte vor allem im Sommer attraktiv. Es sind ideale Plätze, um nach der Hektik eines Stadturlaubs noch ein, zwei ruhige Tage am Strand zu verbringen. Du erreichst die Orte mit öffentlichen Bussen, die an der Metrostation in Üsküdar starten, oder du mietest ein Auto, was ungefähr 40 Euro pro Tag kostet. Unterkünfte unter *tr.hotels.com.* *0*

ESSEN & TRINKEN

Mediterrane Küche in allen Preisklassen, Fingerfood auf der Straße, kleine Tageslokale mit Hausmannskost oder einfach nur ein Fischbrot auf die Hand: In İstanbul wird man immer satt – sogar als Vegetarier.

Die Stadt bietet eine Vielzahl an Restaurants in den unterschiedlichsten Preisklassen. Die Klassiker sind die sogenannten *Meyhanes* – das sind Restaurants, die ein üppiges Vorspeisenangebot haben, anschließend als Hauptgericht Fisch servieren und das Ganze mit süßen Nachspeisen abrunden. Dazu wird das Nationalgetränk *Rakı*

In der „Blumenpassage" Çiçek Pasaji findet man statt Floralem nun Kulinarisches

serviert, alternativ ist aber natürlich auch Bier oder Wein möglich. Wegen der hohen Steuern auf Alkohol sind Bier und Wein in der Türkei aber teurer als in Westeuropa. Frag deshalb besser vorher nach!

In den meisten Hotels gibt es reichhaltige Buffets zum Frühstück. Auch viele Cafés bieten verschiedene Frühstücksmenüs und Brunch bis in den Nachmittag hinein an. Die Auswahl an Wurst *(salam)* ist zwar nicht sehr groß, aber dafür gibt es viel Käse *(peynir)*, Eierspeisen *(yumurta)*, Obst und Salate.

WO İSTANBUL ISST

PARALLEL ZUR İSTIKLAL CADESSI

Die angesagtesten Restaurants für Vorspeisen, Rakı und Fisch

ZWISCHEN HAGIA SOPHI[A] UND GROSSEM BASA[R]

Für den Hunge[r] zwischendurch gut und preiswert i[n] großer Auswah[l]

HAFENVIERTEL UNTERHALB DER BLAUEN MOSCHEE

Urige Tavernen mit Livemusik von der Roma-Kapelle

MARCO POLO HIGHLIGHTS

★ **BANYAN**
Bei fernöstlicher Küche bietet das Terrassenlokal eine der schönsten Aussichten der Stadt ➤ S. 70

★ **PANDELI**
Beim Bummel über den Ägyptischen Basar Einkehr für Gourmets in passender Umgebung ➤ S. 71

★ **RUMELIHISARI İSKELE**
Einfach eingerichtet, aber es gibt Meeresfrüchte vom Feinsten ➤ S. 71

★ **VOGUE**
Bei gegrilltem Fisch und einem guten Wein den Panoramablick über İstanbul genießen ➤ S. 72

★ **HAZZO PULO**
Ruhige Wein-Bar im Herzen der İstiklal für ein gepflegtes Essen ➤ S. 74

★ **KUMKAPI**
Das Taverna-Viertel bietet Wein, Rakı, Musik und eine große Auswahl an Speisen ➤ S. 75

Beim Mittagessen hält man sich eher zurück. Am besten gehst du in eines der kleinen Lokale *(lokanta)*, wo auch die Bewohner des Viertels essen. Hier ist Hausmannskost angesagt. Abends sind diese Lokale zu. In vielen Cafés bekommt man kleine Gerichte, Pizza, Hamburger & Co. Die berühmte İstanbuler Taverne bietet die türkische Traditionsküche. Und fein dinieren lässt es sich in İstanbul immer – vorzugsweise am Bosporus.

Beim Abendessen werden zuerst die Getränke serviert – entweder Rakı, ein hochprozentiger Anisschnaps, Bier *(bira)* oder Wein *(şarap)*. Unter den Bieren empfiehlt sich das *Efes Pilsener*, unter den Weinen z. B. die trockenen Weißen *Çankaya, Sarafin, Sevilen* oder *Kavaklıdere Narince*, unter den Rotweinen *Corvus, Signium* oder *Antik* bzw. *Angora*. Wähl dann unter den fertigen kalten Vorspeisen *(meze)* einige aus und warte auf die bestellten warmen Zwischengerichte *(ara sıcak)*. Nach einer Weile bestellst du dein Hauptgericht: Fisch *(balık)* oder Fleisch *(et)*. Bei den Desserts macht sich der arabisch-persische Einfluss bemerkbar, z. B. *baklava*, dünner, mit Pistazien oder Walnüssen gefüllter und in Sirup getränkter Blätterteig, und verschiedene Puddingsorten *(muhallebi)*. Türken essen gern frisches Obst *(meyve)* als Dessert. Zum Schluss kommt der Mokka: *sade* (ungezuckert), *orta* (mittelsüß) oder *şekerli* (süß), neuerdings auch gern mit Mastix *(sakızlı)* versetzt.

Der Teegarten Çorlulu Ali Paşa ist für seine Wasserpfeifen bekannt

CAFÉS & TEEGÄRTEN

1 BEBEK KAHVE

Das Kaffeehaus direkt am Meer, neben der Bebek-Moschee, wird vor allem von Studenten der nahen Bosporus-Universität besucht. Hier kannst du lange direkt bei den Segelbooten sitzen und das Treiben auf dem Wasser beobachten oder ein Buch lesen. Empfehlenswert ist auch das Starbucks-Café daneben mit schöner Holzterrasse am Meer. *Tgl. 6–23 Uhr | Cevdet Paşa Cad. 18 | Bebek | Tel. 0212 2575402 | bebekkahve.com.tr |* *j4*

2 ÇORLULU ALI PAŞA MEDRESESI

Im frühen 18. Jh. ließ der Schatzmeister des osmanischen Hofs Çorlulu Ali

INSIDER-TIPP
Gemischtes Publikum im schattigen Innenhof

Paşa eine Hochschule erbauen. In ihrem Innenhof liegt heute ein mystisch wirkender, schattiger Teegarten. Von allen Bevölkerungsschichten und auch Frauengruppen gern besucht, ist er berühmt für seine Wasserpfeifen, seinen Mokka und Apfeltee. *Tgl. 7–2 Uhr | Yeniçeriler Cad. 34 | Beyazıt | 🕮 a4*

3 KAFE ARA

Das Café des 2018 verstorbenen türkisch-armenischen Starfotografen Ara Güler ist stets gut besucht. Mit seiner Empore und seinen Tischen im Freien gibt es auch jede Menge Platz zum sitzen. Im *Ara-Güler-Museum (Di–So 10–18, So ab 12 Uhr | Eintritt frei)* in Bomontiada kannst du dir ein Bild von seinem Schaffen machen. *Tgl. 9–23.30 Uhr | Tomtom Mah., Tosbağ Sok. 2 | Galatasaray-Taksim | kafeara.com | 🕮 l4–5*

4 KAHVE DÜNYASI

Die „Kaffeewelt" ist eine überaus erfolgreiche türkische Variante der US-Coffeehouse-Ketten. Diese Filiale liegt unweit des Großen Basars bei der Nuruosmaniye Moschee. *Tgl. 9–1 Uhr | Gazi Sinanpaşa Sok. 12/Nuruosmaniye Cad. | Sultanahmet | Tel. 0212 5 27 32 82 | 🕮 b3*

5 LIMONLU BAHÇE

Der „Zitronengarten" im Herzen der Pera, des alten europäischen Viertels, ist ideal für ein paar ruhige Stunden im Grünen. Besonders gut sind hier die Limonaden mit Minz- oder Wassermelonengeschmack. *Tgl. 10–24 Uhr | Yeniçarşı Cad. 74 | Galatasaray | limonlubahce.com | 🕮 m5*

6 LUCCA

Wenn du einen Abstecher zum oberen Verlauf des Bosporus machst, bietet sich – neben den vielen Teegärten – das schicke Lokal für ein zweites Frühstück oder auch ein Glas Wein an. Abends geht es hier lauter zu. Das Motto: Spaß haben. *Tgl. 10–2 Uhr | Cevdetpaşa Cad. 51b | Bebek | luccastyle.com | 🕮 j4*

7 MARMARA CAFÉ

Ruhiges, gemütliches Kaffeehaus südlich der Blauen Moschee. Man kann hier Backgammon spielen, Wasserpfeife rauchen und/oder einfach nur mit einem Buch sitzen und Tee trinken. *Tgl. 6.30–2 Uhr | Küçükayasofya Mah., Çayıroğlu Sok. 46 | Sultanahmet | Tel. 0212 5 16 90 13 | 🕮 d6*

8 MODA ÇAY BAHÇESI

Der Teegarten liegt auf der Landzunge gegenüber der historischen Halbinsel. Unter alten Bäumen sitzt sommers wie winters Jung und Alt, um die Aussicht aufs Meer zu genießen. Hinter dem Teegarten ist ein großer Kinderspielplatz, den du vom Tisch aus gut im Blick behalten kannst. *Tgl., im Sommer bis 24 Uhr, im Winter kürzer | Devriye Sok. 7 | Moda | 🕮 j6*

9 NØRRE

Der Kiez Cihangir unterhalb des Taksim-Platzes Richtung Bosporus ist voller Läden und Cafés. Das Kaffeehaus (Nørre heißt auf Dänisch Norden) bietet im skandinavischen Ambiente bis

Der Name ist Programm: Im 360 Istanbul genießt du einen tollen Rundblick

19.30 Uhr Frühstück! Zum Kuchen bekommst du hier sogar Sahne, was in İstanbul nicht selbstverständlich ist. Ideal zum längeren Verweilen. *Di–So 10–20 Uhr | Bostanbaşı Cad. 20/A | Cihangir-Beyoğlu | Tel. 0535 6 51 49 38 | n6*

10 CAFE PIYER LOTI

Der französische Romancier Pierre Loti besuchte ab 1876 mehrere Male İstanbul und lebte in Eyüp. Dort, wo er gerne saß, ist jetzt ein alkoholfreies Kaffeehaus mit offener Terrasse und wunderbarem Blick aufs Goldene Horn. Aber das Beste ist die Seilbahn (*tgl. 8–20 Uhr | vom Moscheenplatz in Eyüp | Ticket ca. 2 Euro*), mit der man über den historischen Gräbern von Eyüp schwebend dorthin gelangt. *Tgl. 8–24 Uhr | İdris Köşkü Cad. | Eyüp | Tel. 0212 4 97 13 13 | h4*

INSIDER-TIPP
Schweben über den Gräbern

RESTAURANTS €€€

11 360 ISTANBUL

Vom Topkapı-Palast übers Goldene Horn bis zur St.-Anton-Kirche: Hoch über den Dächern der Stadt bietet diese wunderschöne Location einen atemberaubenden Rundblick! Das gläserne Restaurant befindet sich in einem Jugendstilbau. Nur mit Reservierung. *Tgl. | İstiklal Cad. 163 | Misir Apt. (8. Stock) | Beyoğlu | Tel. 0212 2 51 10 42 | 360istanbul.com | l5*

12 BALIKÇI SABAHATTIN

„Fischer Sabahattin" aus Kreta bietet seit 40 Jahren Spezialitäten wie Reis mit Muscheln in Wein an. Auch seine verschiedenen Fischsalate sind echte Geschmackserlebnisse. *Tgl. | Seyit Ha-*

Unsere Empfehlung heute

Vorspeisen

ARNAVUT CIĞERI
gebratene zarte Lammleberstücke mit Zwiebeln

ÇERKEZTAVUĞU
„Huhn auf Tscherkessenart" aus Hühnerbrust, Walnüssen, Milch und Mehl (kalt serviert)

MIDYE DOLMASI
mit Rosinenreis gefüllte Miesmuscheln

PAÇANGA BÖREĞI
Blätterteigtaschen, gefüllt mit luftgetrocknetem Schinken

ZEYTINYAĞLI DOLMALAR
gefüllte Paprika und Weinblätter in Öl (kalt serviert)

Hauptgerichte

BALIK PILAKISI
Fisch, im eigenen Sud im Ofen zubereitet

IÇ PILAV
Reisgericht mit Rosinen, Nüssen und Leberstückchen

KADINBUDU KÖFTE
„Frauenschenkel" aus Hackfleisch, Reis und Eigelb

IMAM BAYILDI
„Der Imam fiel in Ohnmacht", mit Gemüse gefüllte Auberginen, vegetarisch

KARIDES GÜVEÇ
Shrimps, Tomaten und Pilze mit Käse überbacken

Desserts

BAKLAVA
sehr süßes Dessert aus vielen Lagen Blätterteig, gefüllt mit Walnüssen oder Pistazien

KAYMAKLI KADAYIF
raffinierter Nachtisch aus Teig mit Sahne

AYVA TATLISI
mit Zucker und Zimt gekochte, halbe Quitten; mit Sahne-Häubchen serviert

Getränke

RAKI
klarer Anisschnaps (pur), mit Wasser verdünnt wird er milchig

AYRAN
leicht gesalzener Trinkjoghurt

CAY
schwarzer, relativ starker türkischer Tee

san Kuyu Sok. 1 | Cankurtaran | Tel. 0212 4 58 18 24 | balikcisabahattin.com | c5

13 BANYAN ★

Fernöstliche Küche auf einer Terrasse am Bosporus, mit Blick auf die erste Brücke und die Ortaköy-Moschee. Gut, schick und heiß begehrt: unbedingt reservieren! *Tgl., So ab 10 Uhr Frühstücksbuffet | Salhane Sok. 3 | Ortaköy | Beşiktaş | Tel. 0212 2 59 90 60 | banyanrestaurant.com | j4*

14 FINE DINE ISTANBUL

Mit einem unvergesslichen Blick auf die historische Halbinsel samt Hagia Sophia und Blaue Moschee sowie den Bosporus bekommt man hier osmanische Küche serviert. Die Qualität wird nicht der Sicht auf der Dachterrasse geopfert: Die Lammgerichte, das Auberginenpuree, die Gemüsegerichte – alles wärmstens zu empfehlen. *Di–So 12–23 Uhr | Dr. Imran Oktem Cad. 1 | Sultanahmet | Tel. 0212 5 16 96 96 | finedineistanbul.com | b4*

15 JASH

Unglaublich lecker: In einem Ambiente aus der Belle Époque serviert Chef Dayk Miricanyan, Nachkomme einer armenischen Food-Dynastie İstanbuls, ein originelles Menü. Ideal, um die alte, gute İstanbuler Küche kennenzulernen. Die Topik (gefüllte Teigtaschen) mit Kichererbsen, Kartoffeln und Pistazien nicht verpassen! Von Salat über Pasta bis hin zu Schweinesteak bekommst du hier alles. *Tgl. 10.30–2 Uhr | Cihangir Cad. 9 | Cihan-*

Heiß begehrt wegen des schönen Blicks und natürlich der feinen Küche: Banyan *gir-Taksim | Tel. 0212 2 44 30 62 | jash istanbul.com | p6*

16 LIMAN İSTANBUL

Im ehemaligen Abfertigungsgebäude in Galataport ist das alte Hafenrestaurant wieder auferstanden: edelstes Fine-Dining mit kalten und warmen Vorspeisen, viel Gemüse, Pasta, Salate, Fisch und Fleisch aus dem Ofen. Dazu ein fantastischer Blick auf den Bosporus. Sehr empfehlenswert! *Tgl. 12.30–1 Uhr | Galataport | Beyoğlu | Tel. 0212 8 77 09 48 | limanistanbul.com | M-N1*

17 MESAI

Eine Kneipe gehobener Art in Karaköy mit sehr guter türkischer Küche und – was nicht überall selbstverständlich ist – bestem Service. Die Aussicht, das Ambiente, die Speisen: Man bereut nichts. *Tgl. 9–1 Uhr | Bankalar Cad. 21 | Karaköy | Tel. 0532 0 56 37 24 | mesai.com.tr | K2*

18 MIKLA

Gourmetrestaurant auf der obersten Etage des Marmara-Pera-Hotels. 3-Gänge-Menü von Riesengarnelen bis Filetsteak ca. 35 Euro, „Neue Anatolische Küche" für ca. 50 Euro. Atemberaubender Blick, reservieren unverzichtbar. *Mo–Sa 18–23.30, Bar ab 18 Uhr | The Marmara Pera Hotel Roof | Meşrutiyet Cad. 1 | Taksim-Beyoğlu | Tel. 0212 2 93 56 56 | miklarestaurant.com | K1*

19 PANDELI ★

Das Lokal links über dem Eingang des Gewürzbasars wurde 1956 von dem berühmten griechischen Koch Pandeli gegründet. Die Mittagstafel wird nach altosmanischen Rezepten zubereitet. Queen Elizabeth und Michail Gorbatschow haben hier schon gespeist. *Im Sommer tgl. 11.30–19.30, im Winter bis 18.30 Uhr | Mısır Çarşışı 1 | Eminönü | Tel. 0212 5 27 39 09 | pandeli.com.tr | b1*

Altosmanische Gerichte im schicken Pandeli

20 RUMELIHISARI İSKELE ★

Eines der besten Fischrestaurants der Stadt! Am stillgelegten Fähranleger von Rumelihisarı werden in schlichter Einrichtung Meeresfrüchte in diversen Variationen serviert. Chefkoch Nuri Soysal empfiehlt den Zander aus dem Ofen. *Tgl. 12–2 Uhr | Rumelihisarı Mah., Yahya Kemal Cad. 1 | Sarıyer | Tel.*

0212 2632997 | rumelihisariiskele.com | j4

21 SEVEN HILLS

Auf der Dachterrasse des Hotels Seven Hills wird fast ausschließlich Fisch serviert. Er ist frisch und nicht billig, aber die Sicht und die schmackhaften Gerichte entschädigen. Man schaut u.a. auf das archäologische Ausgrabungsfeld neben der Hagia Sophia. *Tgl. 11–24 Uhr | Cankurtaran Mah., Tevkifhane Sok. 8 | Sultanahmet | Tel. 0212 5169497 | sevenhillsrestaurant.com | c5*

22 TUĞRA

Raffinierte osmanische Küche nach Originalrezepten im Çırağan Palace Hotel Kempinski mit fantastischem Blick auf den Bosporus. Menü um 75 Euro. *Do–So 19–23 Uhr | Çırağan Cad. 32 | Beşiktaş | Tel. 0212 2367333 | kempinski.com | j5*

23 VOGUE ★

Gourmetrestaurant mit Mittelmeer- und Fusionküche auf grandioser Dachterrasse am Bosporus. Anspruchsvolles Sushi-Menü (ca. 75 Euro). *Tgl., Sushi Mo–Sa | BJK Plaza | Spor Cad. 92 | Akaretler | Tel. 0212 2274404 | voguerestaurant.com | h5*

24 ZARIFI

Eine alte Wäscherei wurde in ein Restaurant umgewandelt – und ist heute eine gehobene Taverne in Beyoğlu mit typischen Gerichten wie gefüllten Calamares. Gut für alle, die anschließend noch ins Kino, Konzert oder in die Kneipe möchten. *Tgl. 19.30–4, Weinbar 12–2 Uhr | Sıraselviler | Çukurluçeşme Sok. 13 | Taksim | Tel. 0212 2935480 | zarifi.com.tr | o4*

RESTAURANTS €€

25 AYAZPAŞA RUS LOKANTASI

1943 von der ungarischen Jüdin Judith Krischanovski und ihrem russischen Mann Ivanovich gegründet, zählt das ruhige, nette Lokal zu den alten İstanbuler Feinschmeckeradressen. Der langjährige Oberkellner Cemal Ok hat es 1978 übernommen und die russische Küche weitergeführt. Sein „gelber Wodka" *(Sari Vodka)* mit Zitronenschale und Nelken ist in der ganzen Stadt berühmt. *Tgl. | İnönü Cad. 77a | Taksim | Tel. 0212 2434892 | ayaspasaruslokantasi.com | h5*

INSIDER-TIPP
Ein Schluck Russland

26 BUSELIK MEYHANE

Rooftop-Kneipen sind der Renner in İstanbul und diese gehört mit ihrem Rundumblick zu den Top Ten. Solide türkische Küche: Gute Zutaten, viel Frisches, üppige Vorspeisen. Menüs mit Getränken ab ca. 26 Euro. Übrigens ist Buselik ein langsamer Rhythmus in der türkischen Musik und am Mi, Fr und Sa legt hier ein DJ auf. *Di–Sa 16–1, So 14–24 Uhr | Mesrutiyet Cad. 96 A | Tünel-Taksim | Tel. 0212 2921002 | K1*

27 BYZANTION

Unweit vom Großen Basar kann man hier gute türkische Küche genießen –

Im Seven Hills zahlt man auch für den Traumblick auf die Hagia Sophia

leckere Suppen, Salate, verschiedene Kebap-Arten und kalorienreiche Desserts! Das Ganze wird nett serviert und die Rechnung ist moderat. *Tgl. 11–24 Uhr | Ordu Cad., Yeşil Tulumba Sok. 9/1 | Laleli | Tel. 0212 5 22 74 96 | byzantionbistro.com | G5*

28 ÇARŞI RAKI BALIK

Im Markt von Kadıköy auf der asiatischen Seite gibt es eine kleine, aber feine Gasse mit lauter Fischrestaurants. Zu fairen Preisen bekommt man hier einen frischen Fisch, auf Wunsch Vegetarisches oder Fleisch und viele leckeren Vorspeisen. Am Wochenende wird nebenbei am großen Bildschirm Fußball geguckt. *Tgl. 11–22 Uhr | Caferağa Mah., Güneşli Bahçe Sok. 37 | Kadıköy | Tel. 0216 4 50 15 64 | j6*

29 CIBALIKAPI BALIKÇISI

Beste ägäische Küche, frischer Fisch, Kräutersalate und guter Service. Gleich an drei verschiedenen Orten, aber am ruhigsten und nettesten auf der asiatischen Seite. *Tgl. 13–1 Uhr | Moda Cad. 163 | Moda | Tel. 0216 3 48 93 63 | cibalikapi.com | j6*

30 ÇIÇEK PASAJI

1876 als Einkaufspassage für Floristen gebaut, beherbergt die „Blumenpassage" heute nur noch Kneipen und Gaststätten. Empfehlenswert sind vor allem *Manolya (Nr. 11), Sev İç (Nr. 14)* und *Kimene (Nr. 12)*. Am Wochenende wird hier zu Roma-Musik auf den Tischen getanzt. Dahinter liegt die Tavernengasse Nevizade. *Tgl. 10–2 Uhr | İstiklal Cad. 172 | Beyoğlu | tarihicicek pasaji.com | m4*

31 DEGUSTASYON

Von außen unscheinbar, beinahe gewöhnlich präsentiert sich eine der ältesten *Meyhanes* İstanbuls. Hier speisen seit 80 Jahren Literaten, Journalisten und Filmleute. Im Sommer öffnet die Dachterrasse. Es gibt sowohl Vegetarisches als auch so tolle Gerichte wie Kalbssteak mit Pilzsoße oder gefüllte Makrelen. *Tgl. 14–2 Uhr | Sahne Sok. 20 | Beyoğlu | Tel. 0212 2 92 06 67 | m3*

32 DERALIYE

Unweit der Hagia Sophia kommt hier echte osmanische Küche auf den Tisch: Fisch, Fleisch, Gemüse mit Reis, frischen Früchten und Nüssen durchmischt – ein Erlebnis! Sehr empfehlenswert sind die gegrillte Ziegenkeule sowie die vegetarischen *Dolma* in ganzen, frischen Früchten wie Melonen. Das Michelin-Restaurant bietet auch Kochkurse. *Tgl. 11.30–24 Uhr | Ticarethane Sok. 45 | Sultanahmet | Tel. 0212 5 20 77 78 | deraliyerestaurant.com | c4*

33 HAZZO PULO ★

Gemütliche Weinbar am Galatasaray-Platz. Koch Feramuz Usta bereitet kalte und warme Vorspeisen und Grillgerichte vor, Vegetarisches ist auch zu haben. Gute Hausweine zu fairen Preisen. Reservierung empfohlen. *Tgl. 12–2 Uhr | Meşrutiyet Cad. 75 | Beyoğlu | Tel. 0212 2 45 55 23 | l4*

34 KANAAT LOKANTASI

Wer in Üsküdar ein gutes Restaurant sucht, muss die Straße gegenüber den Anlegestellen ca. 200 m geradeaus hochlaufen. Hier gibt es neben dem Supermarkt Migros altosmanische Küche. Sehr zu empfehlen die *Çoban Kavurma* aus Lamm und die Quitten *(ayva)* mit Sahne als Dessert. Kein Alkohol, keine Kreditkarten! *Tgl. | Selmanipak Cad. 9 | Üsküdar | Tel. 0216 3 41 54 44 | R1*

35 KAPALIÇARŞI HAVUZLU LOKANTA

In der alteingesessenen Gaststätte im Großen Basar kann man gut zu Mittag essen. Traditionelle Küche, viele Auberginengerichte im ruhigen Ambiente. *Mo–Sa 11–17 Uhr | Gani Çelebi Sok. 3 | neben der Post | Kapalıçarşı | Tel. 0212 5 27 33 46 | havuzlurestaurant.com | a3*

36 KARDEŞIM MANTI

Ein echter Geheimtipp: Nach einem Besuch im Sabancı-Museum oder einem Spaziergang am Bosporus kehrt man gleich ein paar Meter landeinwärts in diesem Familienlokal ein. Vor allem für Kenner der wunderbaren türkischen Maultaschen, die hier hausgemacht serviert werden, und der dünn gerollten, gefüllten Weinblätter ein Genuss. *Tgl. 10–22 Uhr | Doğru Muvakkithane Cad. 14/A | Emirgan | Tel. 0212 2 29 69 17 | j4*

37 KHORASANI

Das türkische *Ocakbaşı*-Konzept („am Ofen") bringt die Gäste um einen offenen Grill zusammen, wo das Fleisch, vorzugsweise am Spieß, vor sich hinbrutzelt. Die Köche bereiten die Teller vor; bis das Hauptgericht fertig ist, nimmt man Vorspeisen. Das Kebap-

Wo essen wir denn nun Fisch? Qual der Wahl in Kumkapi

haus hat im oberen Stock auch einen normalen Restaurantbetrieb. *Tgl. 9–24 Uhr | Ticarethane Sok. 9/B | Sultanahmet | Tel. 0212 5 12 12 27 | c4*

38 KUMKAPI ★

Hier gibt es nicht nur ein gutes Fischrestaurant, sondern gleich mehrere. Am Marmara-Meer unterhalb des heute nicht mehr existenten byzantinischen Kaiserpalasts wohnten einst Griechen und Armenier. In *Kumkapi* („Sandtor") lag der Kontoscalion-Hafen, der nach seiner Verlandung einem Fischerdorf Platz machte. Heute befinden sich hier ein sehr schöner Fischmarkt und dahinter, in der Ördekli Bakkal Sokak, unzählige Tavernen mit Charme, z. B. *Doyuran Lokantası (tgl. 12–1 Uhr | Nr. 10)* oder *Kör Agop (tgl. 12–1 Uhr | Nr. 7). H7*

39 LAS TAPAS

Mittelmeerküche unweit der Blauen Moschee, auch bei Einheimischen beliebt. Empfehlenswert sind das üppige Frühstück, das Grillfleisch mit Salat sowie das Huhn mit Apfelsoße. Pasta, Fisch und Gemüse stehen auch auf dem Speiseplan. *Tgl. 9–23 Uhr | Çatalçeşme Sok. 5 | Sultanahmet | Tel. 0212 5 26 46 46 | lastapasrestaurant.com | b4*

40 MA´NA

Junge, türkische Fusionsküche zwischen dem Anleger und Galataport in Karaköy, in der sogenannten Französischen Passage: Bulgur-Reis mit Zuckerrüben, Kokorec, Lammkoteletts mit Thymian, gebratenes Gemüse und eine Rakı-Karte mit genau 51 unterschiedlichen Sorten des Anisschnapses. Es gibt hier sogar Rakı-Eiscreme! *Tgl. 12–24 Uhr | Kemankeş Cad., Fransız Geçidi 53/8 | Karaköy | Tel. 0212 2 93 09 93 | karakoymana.com | L2*

INSIDER-TIPP
Alles Rakı, oder was?

41 MILANO

Auf den Prinzeninseln findest du direkt am Ufer neben den Anlegern gute Restaurants, so auch auf Büyükada. Das Milano ist hier eine Institution mit garantiert frischen Vorspeisen und einer guten Auswahl an Fisch. Für die Fähre zurück musst du dir den Fahrplan vorher anschauen! *Tgl. 12–1 Uhr | Gülistan Cad. 20 | Büyükada | Tel. 0216 3 82 63 52 | 0*

Zu viel gegessen? Ein Rakı hilft beim Verdauen

42 MISINA

Für die Lage am Fuß der ersten Bosporusbrücke isst man hier bei herrlichem Blick richtig preiswert und gut. Empfehlenswert sind die Krabben-Köfte und der Fisch-Kringel. *Tgl. 10–2 Uhr | Iskele Cad. 11 | Beylerbeyi-Üsküdar | misina.com.tr | j5*

43 MUST

Schickes, großes Bistro im angesagten Nişantaşı: Obwohl nicht rein vegetarisch, kommen hier Vegetarier auf ihre Kosten. Die Frühstücksplatte, die Salate, die Gemüsegerichte und die Desserts sind reichhaltig. Es gibt eine schier endlose Weinkarte für Genießer! *Tgl. 10–2 Uhr | Mim Kemal Öke Cad. 11 A | Nişantaşı | Tel. 0212 2 96 92 86 | mustnisantasi.com | h4*

44 SOFYALI 9

Im Stil einer griechischen Taverne dekoriert, bietet das Inlokal mittags leckere und preiswerte Hausmannskost. Abends bereitet Chefkoch Engin Usta zwei Dutzend frische Vorspeisen zu Rakı, Bier oder Wein. *Mo–Sa 12–2 Uhr | Sofyalı Sok. 9 | Beyoğlu | Tel. 0212 2 45 03 62 | sofyali.com.tr | K1*

45 SUR BALIK

Unterhalb des Topkapı-Palasts liegt dieses solide Restaurant mit türkischer Küche. Besonders gut: Die Fischsuppe! *Tgl. 11.30–23.30 | Kennedy Cad. 38/1 | Eminönü | surbalik.com | c6*

46 TERSHANE

Einmal ganz gediegen Luxus-Kebap essen gehen? Der Chef Vedat Basaran macht hier ein Fireside-Grill und serviert auch köstliche vegetarische Gerichte. *Tgl. 12–24 Uhr | im Hotel Momento, 8. Stock | Tersane Cad. 24 | Karaköy | Tel. 0212 2 92 30 10 | tershanerestaurant.com | K2–3*

47 YAKUP 2

Es gibt keinen Künstler oder Intellektuellen in İstanbul, der nicht einmal hier gezecht hat. Der 2013 verstorbene, legendäre Wirt Yakup Arslan schickte früher jahrelang seine Kundschaft nach Mitternacht mit Glockengeläut nach Hause. Feine İstanbuler Vorspeisen, gutes Grillfleisch. *So geschl. | Asmalı Mescit Sok. 35 | Tünel-Beyoğlu | Tel. 0212 2 49 29 25 | yakup2.com.tr | K1*

48 YANYALI FEHMI

Exzellent und bezahlbar: Wer einmal ein richtiges Traditionslokal besuchen möchte, ist hier richtig. Der Gründer Fehmi Sönmezler stammte aus Ioannina (Yanya) aus dem heutigen Griechenland und lernte in İstanbul die Palastküche kennen. Auf der asiatischen Seite, gleich gegenüber dem Anleger, bietet das Lokal (ohne Alkoholausschank) mit einer reichen Auswahl an Speisen, auch an Vegetarischem, ein echtes Gourmet-Erlebnis. *Tgl. 10.30–22.30 Uhr | Osmanağa Mah., Yağlıkçı İsmail Sok. 1 | Kadıköy | Tel. 0216 3 36 33 33 | fehmilokantasi.com | j6*

RESTAURANTS €

49 AHIRKAPI BALIKÇISI

Kleine, nette Gaststätte mit preiswerten Fischtellern. Dazu gibt es Salat und verschiedene schmackhafte Vorspeisen. *Tgl. 13–23 Uhr | Keresteci Hakkı Sok. 38 | Sultanahmet | Tel. 0212 5 18 49 88 | c6*

50 ARMADA

INSIDER-TIPP
Ideal für ein schnelles Mittagessen

Direkt an der İstiklal, zwischen dem russischen und schwedischen Konsulat, liegt das gute, preiswerte und deshalb sehr beliebte Selbstbedienungslokal mit vielen Fleisch-, Fisch- und Gemüsegerichten. *Tgl. 11–22 Uhr | İstiklal Cad. 231 | Tünel-Beyoğlu | Tel. 0212 2 49 79 27 | K1*

51 BAHAR

Überall dort, wo Ladenbesitzer und Handwerker ein Mittagslokal so überfüllen wie hier, gibt es gute Hausmannskost zu niedrigen Preisen (kein Alkoholausschank). Im Bahar wirst du für 6 bis 8 Euro satt. *Tgl. | Çemberlitaş Mah., Yağcı Han 13/Nuruosmaniye Sok. | Beyazit | a3*

52 BUHARA

Seit 1979 in der touristischen Ecke der Altstadt, am Großen Basar, gelegen. Hier wird solide türkische Küche serviert, inklusive Frühstück. *Tgl. 9–24 Uhr | Nuruosmaniye Cad. 7/Prof.*

Seit Jahrzehnten lecker: Tarihi Sultanahmet Köftecisi

Kazım Ismail Gürkan Cad. | Tel. 0212 5 27 51 33 | b3

53 CUMHURIYET MEYHANESI

INSIDER-TIPP
Auf den Gründer der Republik anstoßen

Die berühmteste türkische Taverne der Stadt, in der auch Republikgründer Kemal Atatürk gern einen Rakı trank – auf seinen Tisch im oberen Stockwerk wird jedes Jahr an seinem Todestag ein Strauß Blumen gestellt. Uriges Ambiente, gutes Essen. *Tgl. | Balık Pazarı | Sahne Sok. 47 | Beyoğlu | Tel. 0212 2 43 64 06 |* l4

54 DUBB INDIAN

Indische Esskultur an der Hagia Sophia: Von der Terrasse schaut man aufs Meer und genießt einen Chai mit duftenden Gewürzen. *Tgl. 12–22.30 Uhr | İncili Çavuş Sok. 10 | Sultanahmet | Tel. 0212 5 13 73 08 | dubbindian.com |* c4

55 FISCH-PASSAGE

Wenn du schnell leckeren gebratenen Fisch auf den Teller bekommen willst, dazu einen frischen Salat, dann bist du hier richtig. Gleich neben dem Fischmarkt in Karaköy kannst du sensationell billig satt werden. Beilagen wie Pommes und kleine Nachtische gibt es auch, aber keinen Alkohol. *Mo–Sa 11–22 Uhr | Balık Pazarı 2 (hinter den Motorbooten nach Üsküdar gegenüber der Seilbahn) | Karaköy |* L2

56 KARAKÖY LOKANTASI

Das Restaurant gegenüber dem Zoll am Hafen befindet sich in den Räumen des ehemaligen estnischen Konsulats. Mittags gibt's leckere Tagesgerichte. Abends verwandelt sich das Lokal in eine Rakı-Taverne, allerdings ohne lärmende Musik. Allein die Vorspeisen sind sättigend. Hier haben nur Erwachsene und Jugendliche ab 17 Jahren Zutritt. *Mo–Sa 12–16 und 18–24 Uhr | Kemankeş Cad. 37a | Karaköy | Tel. 0212 2 92 44 55 | karakoy lokantasi.com | L2*

57 KIZILKAYALAR

Kennst du den „nassen Hamburger" İstanbuls? Den hat die Familie Kizilkayalar 1972 am Taksım-Platz eingeführt. In mittlerweile sechs Filialen wird der „Islak Hamburger", ein kleinerer Burger mit scharfem, gebratenem Hack und einer etwas süßeren Tomatensoße, erfolgreich angeboten. Den solltest du unbedingt einmal probieren! *Tgl. 10–1 Uhr | direkt am Taksım-Platz, Ecke İstiklal-Straße | Beyoğlu | kizilkayalar.com.tr | o3*

58 TARIHI SULTANAHMET KÖFTECISI

Das Menü und die Qualität dieses *köfte lokantası* gegenüber der Blauen Moschee haben sich seit über 90 Jahren nicht verändert. Die Hackfleischbällchen schmecken nirgends so gut wie hier. Die kleine Speisekarte bietet sonst (fleischlose) Suppen, Salate und Dessert an. Kein Alkohol. *Tgl. 10.30–23 Uhr | Divanyolu Cad. 12 | Sultanahmet | Tel. 0212 5 20 05 66 | sultanahmetkoftesi.com | c4*

VEGETARISCH ESSEN

Ist vegetarische Küche im Land des Kebap überhaupt möglich? In İstanbul entscheiden sich immer mehr Menschen, vor allem Studenten und junge Berufstätige, für vegetarische Ernährung. Daran hat vielleicht auch gerade die Allgegenwärtigkeit des Fleisches seinen Anteil.

59 BI NEVI DELI

Gutes veganes Restaurant oberhalb der Bebek-Bucht mit kleinem Menü, aber sättigenden Speisen. Es gibt relativ viele Vorspeisen, Salate und Smoothies. Kein Alkoholausschank. *Tgl. 11–21.30 Uhr | Dilhayat Sok. 10/1 | Etiler | Tel. 0212 358 60 32 | binevideli.com | j4*

60 FICCIN

Leyla Kılıç kocht kaukasisch: Leckere Gemüsegerichte, leichte Teigwaren. Eine reiche Auswahl zu niedrigen Preisen. *Tgl. 8–23 Uhr, Sa ab 10 und So ab 12 Uhr | Kallavi Sok. 13 | Beyoğlu | Tel. 0212 2 93 37 86 | ficcin.com | l5*

61 HEALIN

INSIDER-TIPP **Im Käsekuchenhimmel**

Das Lokal versteht sich als eine „Plattform für natürliches, frisches und sauberes Essen" in İstanbul und bietet auch Workshops zum Thema an. Originelle Gerichte mit ökologisch wertvollen Zutaten (unbedingt probieren: *Raw vegan cheesecake huckleberry*)! Typisch Türkisches wie gefüllte Auberginen gibt es neben veganen asiatischen Alternativen natürlich auch. *Tgl. 7.30–21 Uhr | Hüsrev Gerede Cad. 110 | Şişli | Tel. 0212 2 60 08 08 | healinfoods.com | h4*

SHOPPEN & STÖBERN

Der Seidenteppich aus dem Basar oder hochwertige türkische Lederschuhe zu Schnäppchenpreisen – İstanbul ist ein Paradies für Shoppingbegeisterte!

Da Gold in der Türkei billiger ist als in EU-Staaten, gehört auch Schmuck zu den beliebtesten Mitbringseln. Es gibt ein großes Angebot an Edelsteinen, allen voran Diamanten *(elmas)* und Brillanten *(pırlanta)*. Teppiche und Kelims kauft man im und um den Großen Basar herum. Die besten Teppiche sind die mit der höchsten Knotenzahl pro Quadratzentimeter. Die meisten Händler schicken deinen

Alle Adressen in diesem Kapitel findest du auf der Faltkarte

Exotische Düfte aus aller Welt – im Gewürzbasar Misir Carsisi

Teppich versandkostenfrei nach Hause. Möchtest du ihn selbst mitnehmen, musst du am Zoll die Quittung vorlegen. Alte Kalligrafien, Stiche und Fotografien findet man in den zahlreichen Antiquitätenläden Sultanahmets. Bei teuren Stücken kannst du ruhig handeln – vergleich die Preise, bevor du dich auf dein Gefühl verlässt. Moderne Shoppingmeilen gibt es in Nişantaşı, in der Bağdat Caddesi und um die Fähranleger Beşiktaş und Kadıköy herum. Vor allem entlang der Metrostrecke zwischen dem Taksim-Platz und Levent gibt es eine Shoppingmall nach der anderen.

WO ISTANBUL SHOPPT

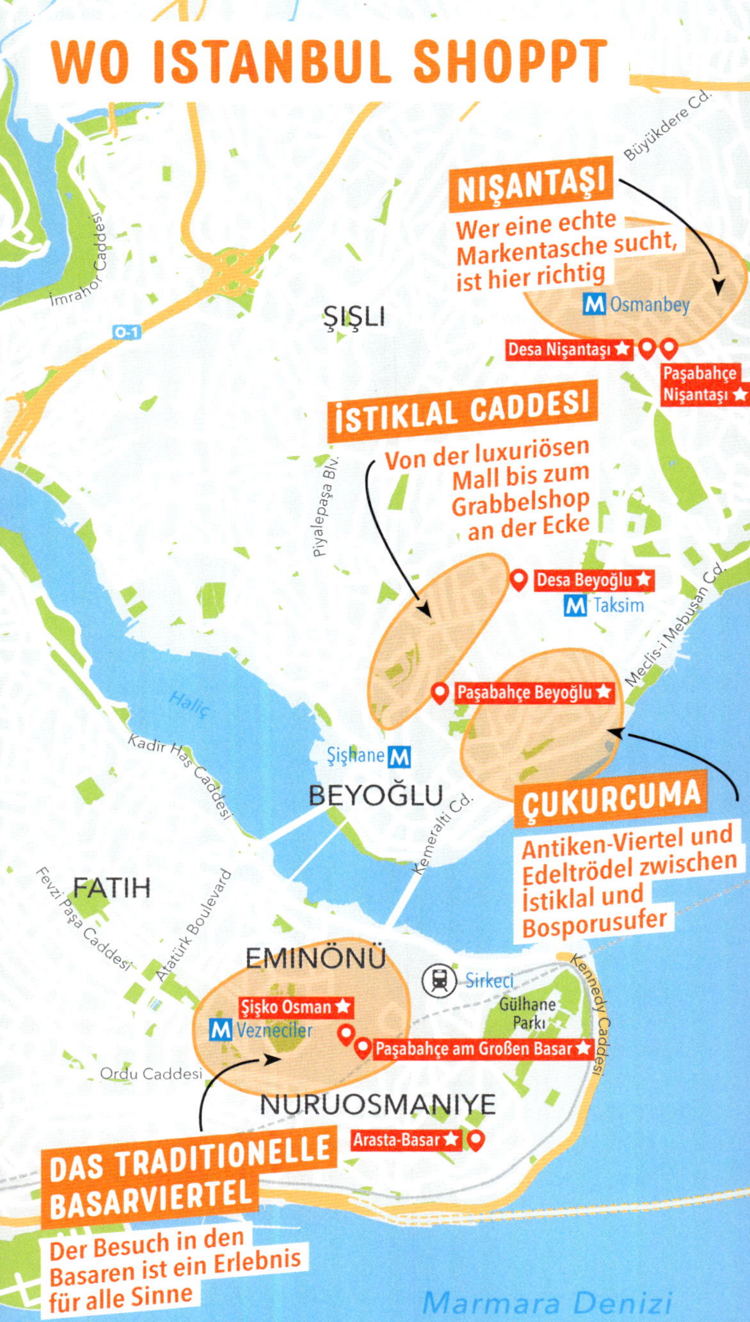

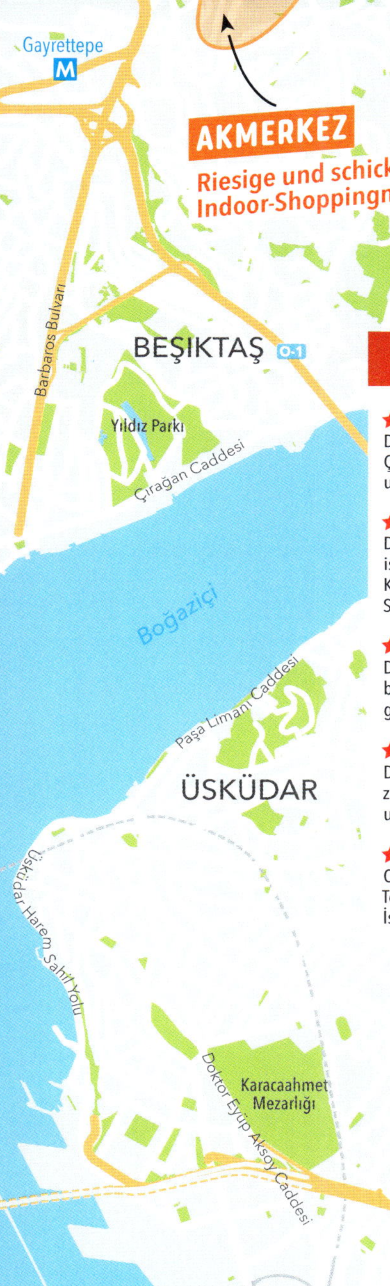

MARCO POLO HIGHLIGHTS

★ **TRÖDLER**
Die Vintage- und Antiquitätenläden in Çukurcuma, Üsküdar und Aksaray sind unbedingt einen Besuch wert ➤ S. 84

★ **ARASTA-BASAR**
Der Markt hinter der Blauen Moschee ist die richtige Adresse für Kunsthandwerk, Teppiche und Souvenirs ➤ S. 85

★ **PAŞABAHÇE**
Die staatliche Glas- und Keramikmarke bietet sehr gute und zum Mitnehmen gut eingepackte Ware ➤ S. 85

★ **DESA**
Das Beste, was İstanbul an Lederwaren zu bieten hat: Schuhe, Handtaschen und Bekleidung ➤ S. 86

★ **ŞIŞKO OSMAN**
Osman „der Dicke" kennt sich mit Teppichen aus wie kein anderer in İstanbul ➤ S. 91

WOHIN ZUERST?

Neben den traditionellen **Basaren** und der **İstiklal Caddesi** empfiehlt sich für eine ausgiebige Einkaufstour das Viertel **Nişantaşı** oberhalb des Taksim-Platzes. In berühmten Meilen wie der **Abdi İpekçi Caddesi** sind sehr schicke Boutiquen und Modehäuser versammelt. Die **Bağdat Caddesi** auf der asiatischen Seite entlang des Marmara-Meers ist die zweitbeste Alternative. Schließlich sind **die großen Einkaufszentren** İstanbuls die Orte, wo du von der Haarnadel bis hin zu Textilien alles finden kannst.

ANTIQUARIATE & BÜCHER

1 DENIZLER BOOKSTORE

Maritimes aus mehreren Jahrhunderten, Bücher (auch auf Deutsch), Seekarten, Stiche, alte İstanbul-Karten, Fotografien und schöne Drucke. Empfehlenswert sind auch die gut gearbeiteten Souvenirs. *Mo–Sa 10–20 Uhr | Galip Dede Cad. 97/A | Beyoğlu | denizlerkitabevi.com | K2*

2 DEUTSCHER BUCHLADEN (TÜRK-ALMAN KITABEVI)

Seit zwei Generationen eine gute Adresse für Belletristik und Sachbücher auf Deutsch. Du bekommst z. B. übersetzte türkische Literatur, aber auch deutsche Reiseführer oder Stadtkarten. Auf zwei Etagen gibt es zudem deutschen Kuchen und Kaffee, Bier und Co. *So–Do 7–22, Fr/Sa 9–24 Uhr | İstiklal Cad. 237 | Beyoğlu | Tel. 0212 2937731 | turkalmankitabevi.com | K1*

ANTIQUITÄTEN

3 BEDESTEN

Im Kern des Großen Basars haben früher Händler ihre kostbarste Ware hinter verschlossenen Türen gelagert. Hier auf 1336 m² gibt es heute einen Antiquitätenladen neben dem anderen. Von antiken Uhren über Schmuck bis hin zu Ikonen, Figuren, Bildern und Kalligrafien wird allerlei Feines angeboten. *Tgl. 8.30–19 Uhr | Großer Basar | Beyazıt | a3*

TRÖDLER (ESKICILER) ★

Antiquitäten sind in İstanbul sehr gefragt und teuer. In kleinen Trödelläden stehen die Chancen aber gut, den einen oder anderen Schatz zu ergattern. Wer ein ausgefallenes Souvenir zu einem akzeptablen Preis sucht, wird in diesen urigen Geschäften bestimmt fündig. Nicht vergessen, über den Preis zu verhandeln! *Çukurcuma Cad. | Beyoğlu | L1; Büyük Hamam Sok. | Üsküdar | j5; Horhor Antikacılar Çarşısı, Kırık Talumba Sok. | Aksaray | g6*

BASARE

4 ÄGYPTISCHER BASAR (MISIR ÇARŞISI)

Der überdachte Gewürzmarkt in Eminönü ist die erste Adresse, was Gewürze, Delikatessen und türkische Ökokosmetik angeht. Auch Kaviar kann man hier erstehen. Schöne Erinnerungsstücke sind die handgeschnitzten Gehstöcke aus den Walddörfern im Osten. *Mo–Sa 9–19 Uhr | Eminönü Meydanı | a1*

5 ARASTA-BASAR (ARASTA ÇARŞISI) ★ ☂

In diesem kleinen Marktkomplex neben dem byzantischen Mosaikmuseum bieten kleine Läden osmanische Handwerkserzeugnisse und Teppiche an – hochwertig und gut! *Tgl. 9–20 Uhr | Sultanahmet | c5*

6 GROSSER BASAR (KAPALI ÇARŞI) ☂

Schmuck, Lederwaren, Sammlerobjekte aus Meerschaum, Wasserpfeifen, Textilien und jede Art von Souvenirs – auf dem Großen Basar kannst du all das und mehr kaufen. Wenn du nicht fündig wirst, ist aber auch ein Bummel über diesen riesigen orientalischen Markt ein eindrucksvolles Erlebnis. Erkunde auch die alten Karawansereien in der Umgebung! *Tgl. 8.30–19 Uhr | Beyazıt | kapalicarsi.com.tr | a3*

KUNSTGEWERBE

7 İZNIK FOUNDATION

Die Stiftung belebt in ihren Werkstätten südlich von İstanbul, am Geburtsort des Handwerks, die fein bemalten Fayencen wieder, die z. B. die Blaue Moschee schmücken. Die feinen Produkte werden in Etiler, oberhalb der Bebek-Bucht, verkauft. Vom Tafelservice bis zu kleinen Aschenbechern. *Mo–Fr 8.30–18, Sa 10–17 Uhr | Cengiz Topel Cad., Tugcular Sok. 1/A | Etiler | Tel. 0212 2 87 32 43 | iznik.com | j4*

8 PAŞABAHÇE ★

Die staatlichen Glasfabriken verkaufen feine Produkte aus Glas, Ton und Porzellan zu sehr günstigen Preisen. Neben modernem Design gibt es altosmanische Stücke wie das *çesmi bülbül* – eine besonders feine Glasarbeit, die an das venezianische Murano erinnert. Die Ware wird transportfähig verpackt. Verkaufsstellen in der ganzen Stadt, z. B. in Nişantaşı *(Teşvikiye Cad. 47/A | h4)*, am Flughafen und in den großen Shoppingmalls wie Kanyon, Zorlu Center, Mall of Istanbul und İstinye Park. *pasabahcemagazalari.com*

Handwerkskunst mit Tradition: İznik-Fayence

9 SIR ÇINI

Im Kachel- und Keramikstudio des Künstlers Sadullah Çekmece bekommt man feine, handgemachte türkisch-osmanische Vasen, Teller oder Schüsseln. Handbemalte Keramikplatten werden als gerahmte Einzelstücke günstig verkauft; auch Workshops. *Mo–Sa 9–20 Uhr | Serdar-ı Ekrem Sok. 38 | Beyoğlu | sircini.com | L1*

MODE & SCHUHE

10 BUTIK KATIA

Seit 1956 gibt es den Hutladen in einer der ältesten Passagen des exklusiven Pera-Distrikts. In zweiter Generation führt die griechische Besitzerin das Geschäft ihrer Mutter weiter. *Mo–Sa 10–18 Uhr | İstiklal Cad. 37 | Danişment-(Hacopulo-)Passage | Beyoğlu | I4*

11 DERIMOD

INSIDER-TIPP
Echtes Leder zu günstigen Preisen

Die führende Marke der türkischen Ledermode stellt auch feine Schuhe und Handtaschen her. *Tgl. 10–20 Uhr | Mesihpaşa Mah., Ordu Cad. 98A | Laleli | G5–6; Outlet: Büyükdere Cad. 177/183 | Maslak | h4 | derimod.com.tr*

12 DESA ★

Qualitativ sehr gute Lederwaren: Jacken und Schuhe für sie und ihn sowie klassisch-modische Handtaschen. Auch kleinere Produkte wie Portemonnaies oder Gürtel sind hervorragend verarbeitet. Desa-Geschäfte gibt es in allen größeren Shoppingmalls und auch in Beyoğlu *(Istiklal Cad. 62 | m4)* und Nişantaşı *(Abdi Ipekci Cad. 5 | h4)*. *Tgl. 10–22 Uhr | desa.com.tr*

Vakko: exklusive Schuhe wie diese müssen natürlich in Szene gesetzt werden

13 KOTON

Junge türkische Mode für Kleidergrößen bis 42, originell und preiswert. Das Warenangebot reicht von Unterwäsche bis hin zu Schmuck. Die Geschäfte sind meist mehrstöckig und es gibt von sportlich-lässig bis zu Abendmode so ziemlich alles, was das Herz begehrt. In allen Shoppingmalls und belebten Einkaufsstraßen *(İstiklal Cad. Nr. 36 (n3) und Nr. 154 (K1) in Beyoğlu oder Muvakkıthane Cad. 39 in Kadıköy (j6)). koton.com*

14 MAVI

Man findet Jeans von Mavi auch im Berliner KaDeWe, aber im Heimatland sind sie billiger zu haben. Vom Time Magazine zu den besten Jeansmarken der Welt gerechnet, sind die Produkte von Mavi, auch was T-Shirts oder Pullover und Hemden angeht, von hoher Qualität. Hier findest du auch mit İstanbul-Motiven bedruckte T-Shirts für sie und ihn. *Mo–Fr 10–22, Sa/So bis 20 Uhr | İstiklal Cad. 123/A (auch in allen großen Shoppingmalls vertreten) | Beyoğlu | mavi.com | m4*

15 MUDO

Mustafa Taviloglu hat seine Herren- und Frauenmode-Marke seit den 1960ern aufgebaut: Sehr gute Stoffe, feine klassische Schnitte und eine zeitlose Eleganz zeichnen die Linie aus. Die Preise sind im Vergleich zu Westeuropa um ca. 30 Prozent niedriger. Auch Home-Design-Produkte und weitere Filialen in Erenköy sowie in den Einkaufszentren Akmerkez und İstinye Park. *Tgl. | Teşvikiye Cad. 149 | Nişantaşı; Bağdat Cad. 320 | Erenköy | mudo.com.tr | h4*

16 VAKKO

Traditionsreiches Haus des exklusiven jüdisch-türkischen Modemachers Vitali Hakko in Nişantaşı mit dem jungen Label Vakkorama. Hochwertige Bekleidung, Schuhe, Handtaschen und Accessoires sowie internationale Designer. *Mo–Sa 10.30–19.30, So 13–19.30 Uhr | Abdi İpekçi Cad. 33 sowie in Akmerkez, Kanyon und İstinye Park | vakko.com.tr | h4*

ÖKOLOGISCHE PRODUKTE

17 AMBAR

INSIDER-TIPP **Aprikose für die Schönheit**

Schon seit 2001 hat sich der Ökoladen in Beyoğlu etabliert. Die Naturprodukte, z. B. die Kosmetika mit Aprikosen, Oliven- oder Mandelöl, sind beliebt; Gewürzmischungen oder auch Naturseifen lassen sich gut mit nach Hause nehmen *Tgl. 10–20 Uhr | Kallavi Sok. 6 | Beyoğlu | nuhunambari.com | l5*

18 JENNIFER'S HAMAM

Die Kanadierin Jennifer Gaudet hat es nach sieben Jahren als Englischlehrerin in Thailand nach İstanbul verschlagen. Sie bietet Badetextilien und Körperpflegeprodukte an, achtet auf Originalzertifikate und kauft nur ökologische Erzeugnisse ein. *Tgl. 8.30–20.30 Uhr | Arasta Basar 43 und 135 | Sultanahmet | jennifershamam.com | c5*

19 TARIHI ÇEMBERLITAŞ BAHARATÇISI

Seit 1956 existiert der Gewürz- und Heilkräuterladen südlich des Großen Basars. Auch die Seifen, Öle und Naturkosmetik, die hier angeboten werden, sind hochwertig – und preiswert. *Tgl. 8–19.30 Uhr | Yeniçeriler Cad. 12 | Çemberlitaş-Fatih | cemberlitasbaharatcisi.com | b4*

OPEN-AIR-MÄRKTE / ÇARŞI

20 FISCHMARKT BEYOĞLU (BALIK PAZARI)

Am Galatasaray-Platz lachen Garnelen und Hummer einen an: Was am Abend in den umliegenden Restaurants auf den Tisch kommt, wird hier in dekorativer Form dargeboten. Man kann an etlichen Ständen das Angebot auch testen. Dazwischen finden sich andere Lebensmittel und Kunsthandwerk, in der Fischmarkt-Passage sind sogar einige Antiquariate untergebracht. *Tgl. 9–22 Uhr | am Galatasaray-Platz, zwischen den Straßen İstiklal, Meşrutiyet und Tarlabaşı | m4*

21 FREITAGSMARKT ÜSKÜDAR (CUMA PAZARI)

Einer der größten Wochenmärkte findet jeden Freitag in Üsküdar statt. Von sensationell billiger Unterwäsche und günstigen T-Shirts (Markenware mit kleinen Fehlern) bis hin zu frischen Lebensmitteln aus allen Landesteilen (Obst, Gemüse, Tabak und seltene Nüsse) findest du hier alles. Es ist ein großes Gedränge und ein Genuss für Augen und Ohren. *Fr ca. 8–19 Uhr | vom Anleger aus die Hakimiyeti Milliye Cad. hoch, zwischen der Halk Cad. und Dr. Fahri Atabey Cad. | R3*

22 MARKTVIERTEL BEŞIKTAŞ (ÇARŞI)

Das europäische Gegenstück zum Altstadtmarkt in Kadıköy – doch das Marktviertel von Beşiktaş ist nicht nur zum Einkauf da. Hier trifft sich auch der progressive Fan-Club des Fußballvereins von Beşiktaş und in den Kneipen rund um den großen Adler, dem Wappentiers des Clubs, ist es meist sehr voll. Wer den Alltag in İstanbul erleben will, ist hier genau richtig. *Tgl. 9–20 Uhr | an der Beşiktaş Cad. hoch, zwischen der Süleyman Seba Cad. und dem Barbaros Blv. | j5*

23 MARKTVIERTEL KADIKÖY (ÇARŞI)

Vom Schiffsanleger läuft man direkt in den autofreien Altstadtmarkt auf der asiatischen Seite. Von Teppichen und Kleidung geht es weiter zu Feinkostläden mit der berühmten Vorspeisen *(Meze)*. Hier kann man sie frisch an der Theke kaufen. Wer Appetit bekommt, kann in einem *lokanta* seinen Hunger bekämpfen. Gleich nebenan stöbert man in Buchantiquariaten (auch engl. oder dt. Bücher). *Tgl. 9–20 Uhr | gegenüber den Schiffsanlegern, zwischen Söğütlü Çeşme Cad. und Rıhtım Cad. | j6*

SCHMUCK

24 GILAN

Ihre Urgroßmutter nähte im Kosovo bestickte Kaftane für die osmanischen

Bei der Auswahl im Marktviertel von Kadiköy kann man leicht zum Feinschmecker werden

Palastbeamten. Die Brüder Muharrem und Ferhan Geylan zogen nach İstanbul und gründeten einen kleinen Juwelierladen, aus dem sie die luxuriöseste Juwelierkette des Landes schmiedeten. Ihre orientalisch inspirierten Kollektionen haben ihren Preis und sind in den Shops der Luxushotels zu haben – und im Zorlu Center. *Tgl. 10–21 Uhr | Zorlu Center, 1. Etage | Beşiktaş | gilan.com | 🕮 j4*

25 IPEKYOL

Die türkische Modemarke hat Hochwertiges zu bieten: Kleider, aber auch den passenden Schmuck. Die Kollektion ist etwas ausgefallen, ohne grob oder aufdringlich zu wirken. Leder und Halbedelsteine werden zu Ketten, Armbändern und Ohrschmuck verarbeitet. In vielen Shoppingmalls zu finden und in Galataport. *Tgl. 10–22 Uhr | Galataport | Karaköy | 🕮 M1*

26 URART

Klassische türkische Designer bieten ihre Kunstwerke aus u. a. Silber und Gold feil. Repliken altanatolischen und trojanischen Schmucks. *Mo–Sa 9–19 Uhr | Abdi İpekçi Cad. 18 | Nişantaşı | urart.com.tr | 🕮 h4*

27 ZEN DIAMOND

In allen großen Shoppingmalls triffst du auf Zen: Eine Juwelierkette mit besonders guter Verarbeitung zu Aktionspreisen. Edelsteine, Gold und Silber werden hier zu ca. 30 Prozent niedrigeren Preisen als in Westeuropa angeboten. Auch im Ägyptischen Basar *(Nr. 10 | 🕮 b1)*. *Tgl. 10–19.30 (im Basar), 10–22 Uhr (in Shoppingmalls) | Adressenliste unter zenpirlanta.com*

SHOPPINGMALLS

28 AKMERKEZ

Das Einkaufszentrum im Norden gehört zu den schicksten Indoor-Bummelmeilen. Es gibt 140 Läden, darunter viele Weltmarken, aber auch türkische Designer, eine Kunstgalerie, Cafés und Restaurants. *Tgl. 10–*

22 Uhr | Nispetiye Cad. | Etiler | mit der Metro von Taksim nach Levent und weiter mit dem Taxi | akmerkez.com.tr | j4

29 CITY'S

Kleinere Shoppingmall in Nişantaşı mit türkischen und internationalen Marken, Mode-, Schuh- und Schmuckgeschäften sowie Cafés. *Tgl. 10–22 Uhr | Teşvikiye Cad. 162 | Nişantaşı | von der Metro-Station Osmanbey die Rumeli Cad. herunterlaufen | citysnisantasi.com | h4*

30 DEMIRÖREN İSTIKLAL

Mitten im Herzen der Fußgängerzone verdrängen Shoppingmalls kleinere Läden – ein Dauerstreitthema in İstanbul. Dennoch wird Demirören hinter der klassischen Fassade gut besucht. *Tgl. 10–22 Uhr | İstiklal Cad. (zwischen Taksim und Galatasaray) | Beyoğlu | demirorenistiklal.com | n3*

31 İSTINYE PARK

Das Einkaufszentrum oberhalb von İstinye am Bosporus ist mit 300 Läden, darunter Geschäften von Luxusmarken aus der ganzen Welt, ein Magnet für die High Society der Stadt. Ein Markt für Bioprodukte rundet das Angebot ab. *Tgl. 10–22 Uhr | İstinye Bayırı Cad. 73 | Sarıyer | Shuttlebus 12–14 Uhr von der Metro-Station Oto Sanayi | Linienbusse Nr. 29, 29 B und 29 P von der Metro-Station Levent | istinyepark.com | j3*

32 KANYON

Auf vier Etagen über 160 Läden: Von Dior über Harvey Nichols zu Max Mara gibt es hier Dutzende Modemarken. Ein Buchladen *(Remzi Kitabevi)*, Cafés und Restaurants (z. B. *Wagamama)* sowie ein Multiplexkino *(Mars)* sind ebenfalls im Angebot. Das Kanyon ist dabei selbst ein Architekturwunder und eines der schönsten Einkaufszentren der Stadt. *Tgl. 10–22 Uhr | Büyük-*

Im İstinye Park ist von Klamotten bis Kosmetik so ziemlich alles von Luxusmarken

dere Cad. 185 | Levent | Metro-Station Levent, Taksim | kanyon.com.tr | j4

TEPPICHE & TEXTILIEN

33 HAREMLIQUE

Caroline Koç, geborene Giraud, ist eine Nachfahrin von Levantinern, also seit dem 18. Jh. im östlichen Mittelmeer ansässigen Europäern. Ihre Familie war früher im Textilgeschäft. Diese Tradition führt sie mit ihrer eigenen Designermarke „Haremlique" weiter. In ihrem Laden, der nach dem Frauengemach der osmanischen Paläste benannt ist, gibt es von Bettwäsche über Badetextilien bis hin zum feinen türkischen Kaffee nur Auserlesenes. Sie achtet darauf, dass Produkte wie Olivenöl oder -seifen aus ökologischer Herstellung kommen. *Tgl. 10–22 Uhr | Koru Sok. 2/194 | im Zorlu Center | Beşiktaş | haremlique.com | j4*

34 MEHMET CETINKAYA GALLERY

Ein Gelehrter unter den Teppichhändlern Istanbuls: Cetinkaya absolvierte die Königliche Kunstakademie im belgischen Liège (Lüttich) und widmete sich anschließend dem Familienbusiness. Neben seinem Geschäft mit fein ausgewählter Ware berät er die Museen der Stadt. Man kann ihn alles über Teppiche fragen! *Tgl. 9–19.30 Uhr | Küçük Ayasofya Cad., Tavukhane Sok. 7 | Sultanahmet | cetinkayagallery.com | c5*

35 NAKKAS

Cengiz und Cengiz, zwei Namensvettern, die ihr Handwerk bei namhaften Teppichhändlern lernten, eröffneten vor 30 Jahren ihr eigenes Geschäft. Sie besitzen ein schier unerschöpfliches Depot mit Waren, die sie größtenteils selbst in Handarbeit herstellen lassen. Und: Unter dem Laden liegt eine byzantinische Zisterne, die man besichtigen kann. *Tgl. 9–21 Uhr | Nakilbent Sok. 13 | nakkasrug.com | b5*

INSIDER-TIPP
Teppichkauf über der Zisterne

36 ŞIŞKO OSMAN ★

„Osman der Dicke" ist eine der besten Adressen für wertvolle Teppiche im Großen Basar. Auf seiner Website erklärt er die Motive seiner Stücke. *Mo–Sa 8.30–19 Uhr | Zincirli Han 15 | Kapalı Çarşı | siskoosman.com | a3*

37 SIVASLI YAZMACISI

Bunt gemusterte und bedruckte Baumwollstoffe aus Ostanatolien, Handgewebtes, Besticktes und Gehäkeltes verkauft das traditionsreiche Geschäft im Großen Basar. Für alle Produkte werden nur natürliche Farbstoffe verwendet. *Tgl. 8.30–19 Uhr | Yağlıkçılar Sok. 57 | Kapalı Çarşı | Beyazıt | a3*

38 URARTU RUG STORE

Teppiche verkaufen ist eine Kunst. Innerhalb von wenigen Minuten breitet Ömer Bey Dutzende von handgewebten Teilen auf dem Boden aus. Du brauchst nur die Farbrichtung und die Größe anzugeben. Feilschen gehört hier zum Geschäft. *Tgl. 9–19 Uhr | Cankurtaran Mah., Dalbastı Sok. 10 (neben der Blauen Moschee) | Fatih | c5*

AUSGEHEN & FEIERN

Das Nachtleben konzentriert sich auf Beyoğlu auf der europäischen und Kadıköy auf der asiatischen Seite. Am Bosporus zieht es sich von Beşiktaş und Ortaköy bis Bebek hin. Während im Sommer Freiluft-Bars am Meer angesagt sind, werden im Winter die Musikkneipen in Galata und Kadıköy gut besucht. Spaßige Alternative: eine nächtliche Vergnügungsfahrt auf dem Bosporus. Schickes Outfit ist niemals verkehrt und ggf. eine Reservierung per Telefon ratsam. In den meisten Bars geht es recht laut zu, am Wochenende wird oft Livemusik gespielt. Die Roofbars der gro-

In İstanbul gibts viel Livemusik und eine große Jazzszene

ßen Hotels sind nicht zu unterschätzen: Von hier aus hast du einen schönen Blick über das nächtliche İstanbul. İstanbuler amüsieren sich meist mit Rakı und eigenem Gesang in den Restaurants, während sich die Jüngeren in den Off-Kneipen-Gegenden in Beşiktaş und Kadıköy versammeln. Die meisten Lokale akzeptieren zwar Kreditkarten, dennoch solltest du für alle Fälle Bargeld mitnehmen! In den Musikkneipen und Clubs zahlst du entweder Eintritt (ab 5 Euro inkl. Gratisdrink) oder einen festen Preis für das erste Getränk, egal ob Whiskey oder Mineralwasser – das gilt als Eintritt.

WO ISTANBUL AUSGEHT

TAKSIM-PLATZ

Diskotheken, Bars und Tanzvergnügen über den Dächern der Stadt

KARAKÖY

Angesagtes Amüsierviertel am alten Hafen

SULTANAHMET

Wenn die Moscheen schließen, beginnt in Sultanahmet das Nachtleben

Gayrettepe
Büyükdere Caddesi
Piyalepaşa Blv.
O-1
Bomontiada
ŞIŞLI
BEŞIKTAŞ
Barbaros Bulvarı
Yıldız Parkı
Çırağan Caddesi
Piyalepaşa Blv.
Tarlabaşı Blv.
Taksim
Meclis-i Mebusan Caddesi
BEYOĞLU
Haliç
Şişhane
Nardis
EMINÖNÜ
KARAKÖY
Üsküdar Harem Sahil Yolu
Sirkeci
Gülhane Parkı
Kennedy Caddesi
Ordu Caddesi
SULTANAHMET
Marmara Denizi
Kadıkö
1 km
0.62 mi

KURUÇEŞME AM BOSPORUS

Tanzen und feiern direkt am Wasser – gediegen

MARCO POLO HIGHLIGHTS

★ **BEBEK BAR**
Klassische, ruhige Bar des Traditionshotels, schöner Blick über das Meer ➤ S. 96

★ **BOMONTIADA**
Eine alte Brauerei verwandelte sich in eine Vergnügungsoase ➤ S. 96

★ **RUBY**
In Ortaköy mit guten Cocktails über den Bosporus schauen ➤ S. 98

★ **RITIM**
Heiße Rhythmen, ausgelassene Stimmung und überwiegend junges Publikum ➤ S. 100

★ **SORTIE**
Durchtanzte Nächte unter Sternen im angesagten Open-Air-Club ➤ S. 101

★ **KARGA**
Ein Geheimtipp in Kadıköy auf der asiatischen Seite – hier schlägt das Herz der alternativen Szene ➤ S. 102

★ **NARDIS**
Der Club am Galata-Turm präsentiert die beste Jazzmusik in ganz İstanbul ➤ S. 102

FÄHRANLEGER KADIKÖY

Oberhalb des Fähranlegers finden sich viele Musikclubs, Kneipen und Off-Lokale

WOHIN ZUERST?

Das Nachtleben konzentriert sich auf die beiden **Bosporusufer, Beyoğlu** und **Kadıköy**. Für einen gepflegten Sundowner fährst du auf der europäischen Seite ans Wasser. In **Karaköy, Beşiktaş, Ortaköy** und **Bebek** gibt es viele Kneipen. Weiter oben, an der **İstiklal-Straße** findest du ebenfalls zahlreiche Cafés, Kneipen und Clubs. Wenn du auf der asiatischen Seite ausgehen willst, ist es kein Problem, spät nachts zum Hotel zurückzukehren: Taxen verkehren die ganze Nacht. Wer in **Sultanahmet** wohnt, hat auch eine nicht so große, aber nette Auswahl an Kneipen in den Seitenstraßen gegenüber der Hagia Sophia.

Alle Clubs und auch so manche gute Kneipe haben Türsteher, die eine Gesichtskontrolle vornehmen. Für den Weg nach Hause solltest du besser nicht in eines der vorbeifahrenden Taxis einsteigen. Lass dir lieber eines rufen – das ist sicherer.

BARS & KNEIPEN

1 ARKAODA

In der Kadife Sokak in Kadıköy reiht sich eine Kneipe an die andere. Wer sich mehr für coole Indie-Atmosphäre erwärmen kann, ist hier im „Hinterzimmer" richtig. Gemütliche Sessel, gute DJ-Musik, feines Publikum. Themenwochen, Fanzine-Festivals u. ä. finden hier regelmäßig statt. *Tgl. 12–1.30 Uhr | Kadife Sok. 18 | Kadıköy | Tel. 0216 4 18 02 77 | arkaoda.com | j6*

2 BEBEK BAR ★

Jahrzehnte gehörte sie zu den besten Bars der Stadt und wunderschön ist es hier immer noch: Die Bar des *Bebek Hotel by The Stay* am Bosporus ist der ideale Ort, um sich abends einen Sundowner zu gönnen. Von der Terrasse aus hat man einen tollen Blick über die Bebek-Bucht. *Tgl. 17–1 Uhr | Cevdet Paşa Cad. 34 | Bebek | bebekhotel.com.tr | j4*

3 BEYOND AKARETLER

Die feine Akaretler-Allee in Beşiktaş mit ihren restaurierten Belle-Epoque-Häusern bietet viele Cafés und Kneipen, die gerade bei Studenten der näheren Universitäten beliebt sind. Beyond ist ein hipper Club mit Snacks aus der Weltküche und einer Sushi-Bar. Mittwochs ist R&B, sonntags After Hour Party angesagt. Nachts ab 22 Uhr darf man hier nicht unter ca. 10 Euro ausgeben – dafür zahlt man keinen Eintritt. *Tgl. 10–4 Uhr | Süleyman Seba Cad. 42 | Akaretler-Beşiktaş | j5*

4 BOMONTIADA ★

Unter dem Dach einer ehemaligen Brauerei sind verschiedene Clubs und Kneipen untergebracht. Im Sommer gibt es Open-Air-Kino und Konzerte im Freien. Da sind der angesagte Club *Babylon* mit Livemusik, die Bierkneipe *The Po-*

Freundliche Barkeeper warten in den vielen Bars von Beyoğlu

pulist (hier kriegt man alle gängigen deutschen Biermarken, sogar Kölsch!), die Cocktailbar mit Restaurant *Kilimanjaro*, die Rakı-Taverne *Kiva* und *Delimonti*, ein Gastro-Club, wo man sich abends zu Käse und Wein, morgens zu mediterranem Frühstück trifft und wo auch Ökoprodukte verkauft werden. *Tgl. 9–1 Uhr | Birahane Sok. 1 | Bomonti-Şişli | 🕮 h4*

5 JAMES JOYCE IRISH PUB

Eine Institution in İstanbul. Im Hintergrund läuft irische Musik vom Band, am Wochenende finden häufig Konzerte statt. Pubmenü und viel Guiness. Beliebt nicht nur bei Iren. *Tgl. 13–2 Uhr | Balo Sok. 26/İstiklal Cad. | Beyoğlu | irishpubthejamesjoyce.com | 🕮 m3*

6 KLEIN GARTEN

Kneipe, Restaurant und Club mit Livemusik ab 22 Uhr am Wochenende. Das ethnisch angehauchte Lokal ist absolut in. Parkettboden, Bücherregal, Ledersofas und Retro-Tische zeichnen das originelle Ambiente aus. Es gibt eine reiche Auswahl an Cocktails und abends stehen unterschiedliche Menüs mit Gemüse, Meeresfrüchten und Salaten zur Auswahl. *Di–So ab 18 Uhr | Meşrutiyet Cad. 67 | Taksim | Reservierungen unter Tel. 0537 9469395 | 🕮 l5*

7 MONKEY BAR

Cocktails ohne Ende – und ein grandioser Blick über das Goldene Horn und die Altstadt. Die unüberdachte Dachterrasse ist vor allem von Mai bis

INSIDER-TIPP
Dinner auf dem Dach

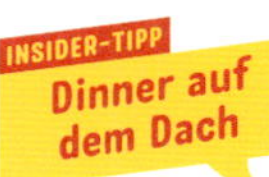

Oktober sehr schön. Man sitzt auf Bänken oder Barhockern und lässt es sich beim Sonnenuntergang gut gehen. Zu essen gibt es Kleinigkeiten wie Tapas und Salate. *Tgl. 18–2 Uhr | Nejat Eczacıbaşı Binası (über Salon IKSV), Sadi Konuralp Cad. 5 | Şişhane-Tünel | K1*

8 PANO

Schöne Weinbar mit Vergangenheit: 1898 durch den İstanbuler Griechen Panayot Papadopoulos gegründet, bietet Pano ruhige Stunden bei gutem Wein (großartige Karte!), Käseplatten und Salaten. Cocktails, Whiskey & Co. und sogar Bier sind zu haben. Tolles Ambiente, rundum empfehlenswert. *Tgl. 12–2 Uhr | Hamalbasi Cad. 12/B | Beyoğlu | Tel. 0212 2926 66 64 | panowinebar.com | I4*

9 RUBY ★

Unweit von der ersten Bosporusbrücke, auf der europäischen Seite, liegt Ruby direkt am Meer. Exquisit, mit guten Cocktails und Musik bis in die Morgenstunden, bei Bedarf mit Verpflegung. *Tgl. 17–3 Uhr | Ortaköy Salhanesi Sok. 5 | Beşiktaş | Tel. 0212 2 91 84 40 | rubyistanbul.com | j4*

10 SKULL & BONES

Sehr gute Kneipe in Karaköy mit starken Cocktails und erstaunlich vielen Whisky- und Whiskey-Marken. Ideal zwischen Sultanahmet und Beyoğlu gelegen, bietet die Bar mit gediegenem Mobiliar eine gemütliche Atmo-

İstanbul bei Nacht – besonders stimmungsvoll bei einer Bosporustour mit dem Schiff

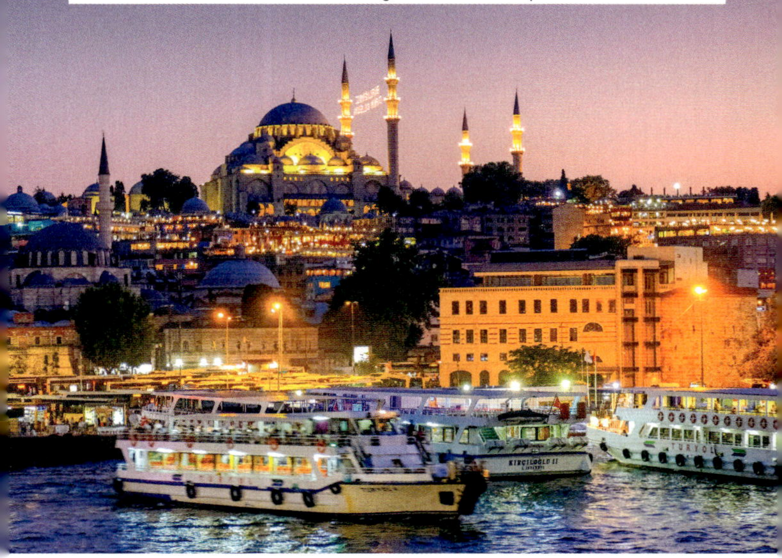

sphäre zum Chillen. Kleine Snacks, auch Bier, Wein und nichtalkoholische Getränke; Happy Hour tgl. 17–19 Uhr. *So–Do 15–23 Uhr, Fr/Sa 13–1 Uhr | im Marriott-Hotel | Kemankeş Cad. 49 | morecravings.com/en/venues/skull-bones | Karaköy | L2*

11 TOUCHDOWN

Bestens geeignet für einen Drink nach einer Shoppingtour in Nişantaşı – und überhaupt. Das Lokal wird später zu einem Tanzclub mit angenehmer Atmosphäre und Stammgästen. *Mo–Sa 11–2 Uhr | Abdi İpekçi Cad. 61 | Reasürans Çarşısı | Teşvikiye | h4*

12 URBAN

Der progressive Inhaber liebt Jazz und hat eine große Musikkollektion aus der Schweiz mitgebracht, wo er lange lebte. Die stilvolle Kneipe hat zwei Halbetagen und wird abends voll. Das Essen ist gut. Raucher finden draußen Platz. *Tgl. 9 (als Café) bis 1 Uhr | Kartal Sok. 6a | Beyoğlu | Tel. 0212 2 52 13 25 | urbancafe.com.tr | m4*

BAUCHTANZ

13 KERVANSARAY

INSIDER-TIPP **Die İstanbuler Talentschmiede**

Der Nachtclub in der Nähe des Hilton-Hotels bei Taksim ist eine echte Institution. Die besten türkischen Bauchtänzerinnen haben hier ihre Karriere begonnen, und auch heute noch siehst du hier die größten Bauchtanztalente der Stadt. Daneben gibt es aber auch andere Vorführungen, z. B. kaukasische Folklore sowie einige gute Showmen. Mit hohen Decken und klassischem Ambiente gehört das Haus zu den gehobenen Lokalen. Es gibt ein festes Menü mit Vorspeisen, Kebap, Nachtisch, Kaffee und zwei alkoholischen Getränken für ca. 60 Euro. Reservierung und leichte Abendgarderobe sind empfehlenswert. *Sıraselviler Cad. 8–12 | Tel. 0212 2 47 16 30 | Beyoğlu | p3*

14 SULTANA'S

„Dinner and 1001 Night Show" heißt hier das allabendliche Programm. Besucher müssen vorab telefonisch einen Tisch reservieren. Im Restaurant wählst du zwischen verschiedenen Menüs oder Gerichten à la carte. In einem Programm, das sich vor allem an Touristen richtet, treten dann nacheinander Bauchtänzerinnen, Folklorekünstler, Sänger und andere Showtalente auf. Das Lokal liegt sehr verkehrsgünstig am Taksim-Platz. *Cumhuriyet Cad. 40 | zwischen dem Taksim-Platz und dem Interconti-Hotel | Tel. 0212 2 19 39 04 | sultanas-nights.com | Taksim | h5*

BOSPORUSTOUREN

In İstanbul kannst du mit einem der vielen größeren Motorboote tagsüber wie abends den Bosporus erkunden. Die Touren mit Snacks und Softdrinks starten auf der europäischen Seite in *Eminönü* hinter der Galata-Brücke am Goldenen Horn, in *Kabataş* unterhalb von Taksim und in *Beşiktaş* neben dem Anleger. Auf der asiatischen Seite kannst du in *Kadıköy* hinter dem kleinen, historischen Anleger und in

Im Roxy wird nicht nur gefeiert, sondern auch Musik gemacht

Üsküdar am Kai einsteigen. Das Einzelticket kostet ca. 5 Euro.
Private Anbieter holen auch nach vorheriger Anmeldung die Gäste von ihrem Hotel ab und bringen sie zum Boot, wo ein Abendessen samt touristischem Programm (Bauchtanz und Livemusik) auf sie wartet. Die Boote fahren in der Regel bis hinter die zweite Bosporusbrücke und kehren dann auf der europäischen Seite um. Im Fix-Menü sind Begrüßungscocktail, Vorspeisen, Salat, Hauptgang sowie unbegrenzte einheimische Getränke (inkl. Bier und Wein) enthalten. Der Abend dauert ca. 3 Stunden und kostet ab 27 Euro p.P. *(Lüfer Boote: Tel. 0212 2 29 64 64 | lufer.com.tr)*. Privat kann man in kleiner Gruppe mit/ohne Service Motorboote mieten: *Neva Yacht | Tel. 0539 8 88 90 23* oder über die Website *teknevia.com (ab 80 Euro pro Std., Mindestdauer 2 Std.)*. Empfehlenswert ist es, in Bebek oder Arnavutköy einzusteigen.

CLUBS

15 BEAT ISTANBUL

In gemütlicher, ungezwungener Atmosphäre ist der Club nicht nur an den Wochenenden meist sehr gut besucht. Wer sich nicht ins Gedränge sürzen will, steht mit einem Bier davor und lässt es sich gut gehen; die moderaten Preise sind ein weiterer Pluspunkt. *Tgl. 22–6 Uhr | Yesilcam Sok. 9 | Beyoğlu | Tel. 0212 2 43 22 21 | beat istanbul.com | m3*

16 PEYOTE CLUB

Auf drei Etagen wird hier Musik gehört und getanzt. Es treten İstanbuler und internationale Bands auf, meist Rock und Postrock. *Tgl. | Kameriye Sok. 4 (Fischmarkt) | Beyoğlu | Tel. 0212 2 51 43 98 | peyote.com.tr | m3*

17 RITIM ★

...heißt natürlich „Rhythmus“ und das zeichnet auch den Club unweit von

Taksim aus: DJs legen bis in den Morgen auf, das vorwiegend junge Publikum, auch viele Erasmus-Studenten, sorgt für eine Superstimmung. Lässig, gemütlich, freundlich. *Tgl. 10–4 Uhr | İstiklal Cad., Sahne Sok. 20 | Beyoğlu | Tel. 0212 2 49 84 52 | ▢ 0*

18 ROOM PERA

Wie überall in İstanbul geht es auch hier in der Nähe des Tünel-Platzes um gute Cocktails und hippe Musik. İstanbuler sind durch den Rakı an harte Drinks gewöhnt – hier ist guter Whiskey der Renner. *Mi–Sa 20–4 Uhr | Asmalı Mescit Mah., Gönül Sok. 14/A | Beyoğlu | ▢ K1*

19 ROXY

Seit 1994 ist die ehemalige Rockkneipe eine feste Institution in Istanbul. Hier werden querbeet fast alle Musikrichtungen aufgelegt, zumeist Indie, Postrock, Blues und Jazz. Zu Festivalzeiten wird das Roxy zur beliebten Bühne für Musiker aus dem In- und Ausland. Tanzen erlaubt, moderate Preise. *Di–Sa 20.30–4 Uhr | Aslan Yatağı Sok. 13 | Taksim | roxy.com.tr | ▢ o4*

20 SORTIE ★

Angesagter Open-Air-Club: Für 25 Euro Eintritt gibt es einen Drink und eine tolle Nacht unter Sternen. Man sollte nach dem Abendessen hingehen. Am Wochenende sehr voll – unbedingt reservieren! *Tgl. 18–4 Uhr | Muallim Naci Cad. 54 | Kuruçeşme | Tel. 0212 3 27 85 85 | sortie.com.tr | ▢ j4*

21 TEKYÖN CLUB

Der Gay-Club Tekyön („einseitig") ist mit moderaten Preisen, seiner Größe und dem Garten im Hinterhof seit über zehn Jahren sehr beliebt. Dienstagnachts gibt es kleine Drag-Shows. *Tgl. ab 22 Uhr | Sıraselviler Cad. 63/C | Taksim | tekyon.club | ▢ o4*

KINOS

Filme werden im Original mit türkischen Untertiteln gezeigt. Neben Multiplexkinos in den Shoppingmalls gibt es charmante, alte Filmtheater entlang der İstiklal Caddesi: *CineMajestik (Nr. 24/26 | Tel. 0212 2 92 11 11); Alkazar (Nr. 179 | Tel. 0212 2 93 24 66); Atlas (Nr. 209 | Tel. 0212 2 52 85 76); Beyoğlu (Nr. 140 | Tel. 0212 2 51 32 40)*. Donnerstag ist „Volkstag" mit 30 % Rabatt.

LIVEMUSIK & JAZZ

22 DOROCK XL

Eine ziemlich große Bühne, ein geräumiges Lokal: Im Dorock XL gibt es täglich Livemusik zu hören, meistens renommierte türkische Rock- und Bluesbands. Die Musikkneipe im Markt von Kadıköy hat sich als bestes Lokal für alternative Musik einen Namen gemacht und ist auch ein beliebter Ort für Unifeiern. Ein Bistro im Garten serviert internationale Küche, im Keller gibt es Billard sowie Live-Übertragungen von großen Sportereignissen. *Tgl. 9–5 Uhr | Caferağa Mah., Neşet Ömer Sok. 3C | Kadıköy | Tel. 0535 3639349 | dorockxl.com |* *j6*

23 JOLLY JOKER

Sehr beliebter Club mit Livemusik und Konzerten türkischer und internationaler Sänger und Bands. *Mi–Sa 21–4 Uhr | Balo Sok. 22/Nevizade | Beyoğlu | Tel. 0212 2490749 | jjistanbul.com |* *m3*

24 KARGA ★

Alternativ-Kneipe und Kulturzentrum auf fünf Etagen. In den unteren drei Etagen kann man leichte Mensa-Kost essen und billig Bier oder Wein trinken. In den oberen beiden Etagen *(KargArt)* finden Lesungen, Rock- oder Folk-Konzerte und Filmvorführungen statt. Seit 1996 ist Karga (Rabe) eine Institution in Kadıköy. *Tgl. 11–2, Fr/Sa bis 3 Uhr | Kadife Sok. 16 | Kadıköy | karga.com.tr |* *j6*

25 NARDIS ★

Im Club am Galata-Turm treten türkische Jazzgrößen und ausländische Künstler auf. Der ideale Ort, um die

Hotspot der türkischen Jazzszene ist der Club Nardis

İstanbuler Jazzszene kennenzulernen. Sehr empfehlenswert. *Livemusik So–Do 21.30–0.30, Fr/Sa 23.30–1.30 Uhr | Kuledibi Sok. 14 | Galata | nardisjazz.com | K2*

26 THE BADAU

INSIDER-TIPP
Jazzvirtuosen zum Kennenlernen

Ein Geheimtipp: Der türkische Jazzmusiker Eren Noyan hat zusammen mit seiner Frau Güliz dieses Lokal eröffnet, in dem einheimische und ausländische Jazzer auftreten. Am späten Nachmittag kann man sich hier zu John Coltrane mit einem Kaffee und Buch niederlassen. Abends gibt es ein kleines, aber feines Dinner-Menü zu Livemusik. Reservieren ist ein Muss. *Tgl. 15–2 Uhr | Acıbadem Mah. | Einkaufszentrum Akasya, 1. Stock, nördlicher Flügel | Üsküdar | Tel. 0507 6 62 59 13 | j5*

OPER & SHOWTHEATER

27 İŞ SANAT

Das Kulturzentrum unter dem Dach der Twin-Towers der İş-Bank hat schon viele Höhepunkte erlebt: Im akustisch gut gebauten Konzertsaal treten internationale Stars ebenso auf wie türkische Orchester und Solisten. *İş Sanat Kültür Merkezi | İş Kuleleri | Levent | Tel. 0212 3 16 10 83 | issanat.com.tr | Tickets: biletix.com | j4*

28 SALON IKSV

Die Venue unweit vom Galata-Turm bietet vor allem im Sommer fast jeden Abend ein qualitativ hochwertiges Livekonzert. Das Konzept ist offen und reicht von Techno über Postpunk bis hin zu Jazz. *Tickets und Programm: saloniksv.com oder biletix.com | Nejat Eczacıbaşı Binası, Sadi Konuralp Cad. 5 | Şişhane-Tünel | K1*

29 SÜREYYA

Vom Kunstmäzen Süreyya İlmen 1927 erbaut, hat das Opernhaus seit seiner Restaurierung im Jahr 2008 einen unglaublichen Charme. Die İstanbuler Opern- und Ballettvorstellungen finden hier statt, aber auch Gastkonzerte namhafter Orchester aus dem Ausland. *Bahariye Cad. 29 | Kadıköy | Tel. 0216 3 46 15 31 | sureyyaoperasi.org | j6*

HAPPY HOUR

SUNDOWNER ZUM HALBEN PREIS

Was macht man in İstanbul zur Happy Hour von 18.30 bis 20.30 Uhr, wo Getränke meist nur die Hälfte kosten? Je nachdem, wo man ist, gönnt man sich einen Drink: In Tünel-Beyoğlu in der *Monkey Bar* (s. S. 97) oder bei *Urban* (s. S. 99) in einer ruhigen Seitenstraße. In Nişantaşı geht man zur Barstraße *Atiye Sokak* oder zu *Touchdown* (s. S. 99) in der Reassürans-Passage. Wer sich in Bebek am Bosporus aufhält, setzt sich zu *Lucca* (s. S. 67), um das bunte Treiben zu beobachten, und auf der asiatischen Seite greift man zu einem Cocktail in der Bar *Karga* (s. S. 102).

AKTIV & ENTSPANNT

Ein Meer aus Tulpen blüht am Sultanahmet-Platz

SPORT, SPASS & WELLNESS

HAMAM MUSS SEIN!

Der Besuch in einem türkischen Bad dient nicht nur der körperlichen Reinigung. Die Massage, das kalte Getränk im Abkühlungsbereich und der Service tun auch der Seele gut. Das *Hürrem Sultan Hamam (📖 d4) (tgl. 8–22 Uhr | Ayasofya Meydanı 2 (gegenüber der Hagia Sophia) | Sultanahmet | Tel. 0212 5 17 35 35)*, im 16. Jh. gestiftet von Süleyman dem Prächtigen für seine Frau Roxelane, ist ein Meisterwerk Sinans. Mit seiner Kuppel, seinen restaurierten Marmorräumen und Bädern ist es ein Erlebnis ohnegleichen. Im über 500 Jahre alten *Galatasaray-Bad (📖 h5) (tgl. 9–21 Uhr | Turnacıbaşı Cad. 8 | Beyoğlu | Tel. 0212 2 52 42 42)* geht es auch historisch, aber etwas bescheidener zu. In beiden Bädern kann man sich selbst waschen oder gegen Aufpreis waschen, peelen *(kese)* und mit aromatischen Ölen massieren lassen.

FAHRRADTOUR

In İstanbul gibt es noch sehr wenige Radwege, aber man kann zwei schöne Touren unternehmen. Einmal geht es von Kadıköy *(Verleih: Bahariye Cad., Piriçavuş Sok. 60/B | Kadıköy | Tel. 0552 4 14 00 00)* aus entlang des Marmara-Meers bis nach *Bostancı (📖 j6)*. Die andere Möglichkeit ist die *Grand Tour* um die Prinzeninsel Büyükada *(Verleih rund um den Anleger | ca. 5 Euro/Tag)*. Beide Wege sind verkehrsberuhigt.

WIE SAND AM MEER

Beliebt für einen Sprung ins kühle Nass sind die Prinzeninseln und das Schwarze Meer im Norden der Stadt. Die Strandbäder öffnen etwa Anfang Juni und bleiben bis Mitte September *(tgl. 8 Uhr–Sonnenuntergang)* geöffnet. Achtung: Baden im Bosporus ist wegen der Strömungen gefährlich!
Ada Beach Club (Cam Limani Koyu | Heybeliada | Eintritt Mo–Fr ca. 9, Sa/So

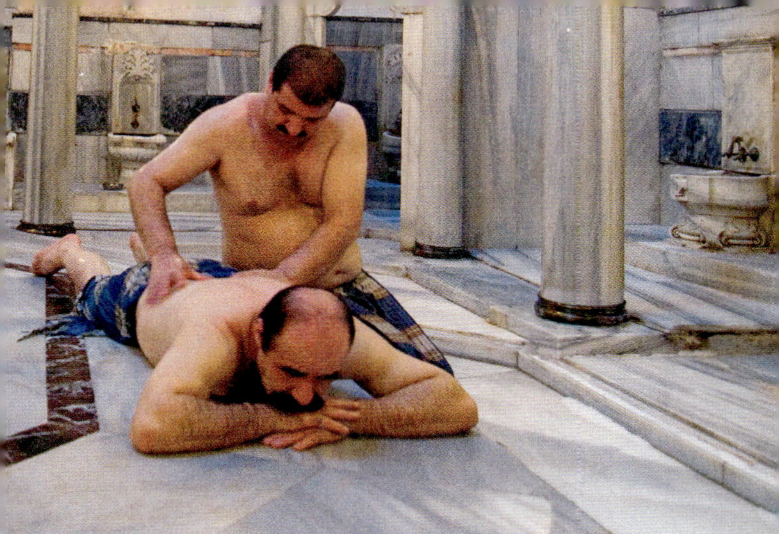

Lass dich durchwalken im türkischen Hamam

ca. 15 Euro | Tel. 0216 3 51 17 70 | adabeachclub.com)
Kamo's Beach Club (Manastır Koyu Ayazma | Kınalıada | Eintritt Mo–Fr ca. 10, Sa/So ca. 10 Euro | Tel. 0216 3 81 69 13)
Solar Beach Club (Turban Yolu Cad. 4 | Kilyos | Eintritt Mo–Fr ca. 9, Sa/So ca. 15 Euro, Kinder bis 6 J. frei, bis 18 J. die Hälfte | Tel. 0212 2 01 20 86 | solarbeach.com.tr | Bus 151)

DIE SCHÖNSTEN POOLS

Es gibt in İstanbul keine öffentlichen Freibäder, deshalb muss man auf Hotels und Club-Anlagen ausweichen. Es ist nicht überall billig, aber ein unvergessliches Erlebnis! Die Pools sind von Ende Mai bis Anfang Oktober *(tgl. 8 Uhr–Sonnenuntergang)* geöffnet. Die fünf schönsten sind:

Çırağan Palace Kempinski (Çırağan Cad. 32 | Beşiktaş | Eintritt Mo–Fr 100, Sa/So 160 Euro | kempinski.com | j5): Der Infinity-Pool (33 x 16 m) in einem einstigen Bosporusdomizil der Sultane ist von Palmen umsäumt und man hat einen herrlichen Blick.

Four Seasons Hotel Bosporus (Çırağan Cad. 28 | Beşiktaş | Eintritt Mo–Fr 100, Sa/So 125 Euro | fourseasons.com/bosphorus | j5): Direkt am Bosporus hat das Hotel einen 27 m langen Pool mit gereinigtem Meerwasser, Sonnenbetten und Cocktailbar.

Grand Hyatt (Taskisla Cad. 1 | Harbiye-Şişli | Eintritt Mo–Fr ca. 30, Sa/So ca. 40 Euro | istanbul.grand.hyatt.com.tr | h5): Der halbolympische Pool ist eine tropische Oase in İstanbul. Schöne Liegenlandschaft und nette Bedienung.

Hilton İstanbul Bomonti (Merkez Mah., Silahşör Cad. 42 | Şişli | Eintritt Mo–Fr ca. 25, Sa/So ca. 30 Euro | hilton.com.tr | h4): Wie wäre es mit einer Vogelperspektive auf die Megapolis? Wer es etwas sportlicher mag, ist hier auf dem Dach des Hilton richtig.

FESTE & EVENTS

RELIGIÖSE FESTTAGE

Nach islamischem Mondkalender finden religiöse Feste jedes Jahr elf Tage früher statt. **01.03.–29.03.2025, 19.02.–19.03.2026:** Fastenmonat Ramadan. **30.03.–01.04.2025, 20.–22.03.2026:** *Şeker Bayramı* (Zuckerfest). **16.–19.06.2024, 06.06.–09.06.2025:** *Kurban Bayramı* (Opferfest). Museen bleiben am ersten Festtag in der Regel geschlossen.

VERANSTALTUNGEN

★ **Tanz der Derwische** des Mevlana-Ordens: So 15 Uhr (im Sommer 17 Uhr) und jeden zweiten und letzten Sa des Monats um 15 Uhr im alten Sektenhaus Galata Mevlevihanesi. Genaue Termine siehe Aushang vor dem Gebäude

MÄRZ/APRIL

Internationale Filmfesttage: Die Filme werden in ausgewählten Kinos in Beyoğlu und Kadıköy gezeigt – alle mit Untertiteln. *film.iksv.org*

Das **Tulpenfest** verwandelt den Emirgan-Park in ein farbenfrohes Paradies.

MAI

Theaterbiennale: klassische Stücke, Tanz- und Straßentheater mit in- und ausländischen Künstlern; 2024, 2026 etc. *istfest.org/tiyatro*

Hidrellez: Am 5. und 6. Mai findet am Galata-Turm und unterhalb von Sultanahmet das Frühlingsfest statt. Roma-Kapellen musizieren, Tanz bis in den Morgen.

JUNI/JULI

Internationales Musikfestival: Musik, Tanz und Oper: Open-Air-Bühnen und die Aya-Irini-Kirche laden zu musikalischen Erlebnissen ein. *muzik.iksv.org*

Internationales Jazzfestival: In Sälen, auf der Straße und in Jazzkellern

Beim Tanz der Derwische kann einem schon vom Zugucken schwindelig werden

treten internationale Größen der Branche auf. *caz.iksv.org*

Byzantion Fest: Das angesagte Indie-Musikfestival findet in Kadıköy und auf der Prinzeninsel Burgazada statt; wechselndes Programm. *Facebook: byzantion records*

JULI

Bosphorus Cross Continental Swim: Das Türkische Olympische Komitee organisiert den alljährlichen Schwimmwettbewerb im Bosporus – geschwommen werden 6,5 km von Kanlıca auf der asiatischen Seite nach Kuruçeşme. *swimtrek.com*

AUGUST

Um den 15. Aug. findet traditionell die **Yelken-Yarışları-Segelregatta** statt. Im Spätsommer starten Offshore-Rennen in Bebek. *tyf.org.tr*

Das **Akbank-Kurzfilmfestival** zieht vor allem junge Filmemacher aus ganz Südeuropa an. *akbanksanat.com*

SEPTEMBER

Künstler organisieren das **Tünel Art Festival** rund um den Galata-Turm.

Von Ende Sept. bis Mitte Okt. belebt das **Akbank-Jazzfestival** Straßen und Fähren.

NOVEMBER

Die **İstanbuler Biennale** zieht seit 1987 in ungeraden Jahren (2025, 2027 etc.) türkische und ausländische Künstler an. *bienal.iksv.org*

İstanbuler Marathon: Es geht von Asien über die Bosporusbrücke hinüber nach Europa. *maraton.istanbul*

DEZEMBER

Die zentrale **Weihnachtsmesse** findet in der Sankt-Anton-Kirche an der İstiklal Caddesi statt (24. Dez., 21 Uhr).

SCHÖNER SCHLAFEN

GLANZSTÜCK DER HOTELLERIE

Das Grandhotel *Divan* war lange Jahrzehnte ein gesellschaftlicher Mittelpunkt der Stadt und die Bar Treffpunkt der Medienwelt. Während der Gezi-Park-Proteste öffnete das Hotel seine Tore für Demonstranten und steigerte damit seine Beliebtheit. Mit Zimmern ab 33 m^2 und einem schönen Pool- und Spabereich ist das Divan ein nicht allzu bekanntes Glanzstück der Hotellerie der Stadt. *191 Zi. | Asker Ocağı Cad. 1 | Şişli | Tel. 0212 3 15 55 00 | divan.com.tr | €€ | h5*

LUXUS PUR

Ein Palast aus dem 17. Jh. direkt am Bosporus, große Säle, üppige Zimmer, Außen- und Innenpools und ein edler Spabereich – das kostet pro Nacht ab 700 Euro, ist aber wirklich aus 1001 Nacht! Mit Pier, Gourmetrestaurants und Luxusshops bietet das *Çırağan Palace Kempinski* im Sommer auch vielen Hochzeiten Raum. Allein der Infinity-Pool direkt am Meer ist ein Grund, einmal hier zu residieren (s. S. 107). *310 Zi. | Çırağan Cad. 32 | Beşiktaş | Tel. 0212 3 26 46 46 | kempinski.com | €€€ | j5*

FLIEH AUF DIE INSEL

INSIDER-TIPP
Der Charme vergangener Epochen

Eine Reise ins vorletzte Jahrhundert: Das prächtige Grandhotel *Splendid Palace* liegt auf der Prinzeninsel Büyükada und bietet eine Möglichkeit, der Hektik İstanbuls zu entfliehen. Es hat einen lichtdurchfluteten Innenhof mit offenen Gängen, einen Garten und einen schönen Außenpool. *70 Zi., 4 Suiten | Yirmiüç Nisan Cad. 39 | Büyükada | Tel. 0216 3 82 69 50 | splendidhotel.net | €€ | 0*

DESIGN NEBEN DEM HAMAM

Unweit vom Museum der Unschuld und in direkter Nachbarschaft zum al-

Herrschaftliches Flair im Grandhotel Büyük Londra

ten *Çukurcuma-Hamam (tgl. 8.30–22 Uhr (kein Einlass für Kinder bis 12 J.) | Firuzaga Mah., Çukurcuma Cad. 43 | Beyoğlu | Tel. 0212 2 43 64 80 | cukurcumahamami.com)* liegt das fein restaurierte Designer-Hotel *Hammamhane* mit einer Terrasse, die an die Kuppel des Bads anschließt. Freigelegte Ziegelwände, skandinavisches Interieur, Fußbodenheizung. Vor allem die geräumigen Studios mit Küchenecke und Waschmaschine sind ein idealer Stützpunkt, um İstanbul zu erkunden. Bülent und Bora kümmern sich um alles. *14 Zi. | Firuzağa Mah., Çukurcuma Cad. 45 | Beyoğlu | Tel. 0212 2 93 49 63 und 0534 6 42 01 43 | hammamhane.com | € | 🕮 L1*

INSIDER-TIPP
Für längere Aufenthalte ideal!

ÜBER DEM GOLDENEN HORN

Das Grandhotel *Büyük Londra*, bekannt aus Fatih Akıns Filmen, thront unweit des Taksim-Platzes über dem Goldenen Horn. Samt und Seide, günstig und mit Belle-Époque-Patina übersät ist der nicht renovierte Flügel. *54 Zi., 12 Suiten | Meşrutiyet Cad. 117 | Beyoğlu | Tel. 0212 2 93 16 19 | londrahotel.net | € | 🕮 K2*

IM HAUS DES TABAKBARONS

Gegen Ende des 19. Jhs. musste das Osmanische Reich seine Tabakproduktion privatisieren. In diesem Gebäude saß die Zentrale des Régie des Tabacs de l´Empire Ottoman, eines multinationalen Konzerns. Nach über 100 Jahren ist das *Regie Ottoman* stilvoll restauriert und dient als Boutique-Hotel im Herzen der historischen Halbinsel. Vor allem die großen Deluxe-Zimmer mit Sitzecke sind zu empfehlen. Es gibt günstige Angebote auf der Hotelwebsite! *34 Zi. | Mimar Vedat Sok. 5 | Sirkeci | Tel. 0212 5 20 60 20 | regieottoman.com | €€ | 🕮 b2*

ERLEBNIS TOUREN

Lust, die einzigartigen Facetten der Stadt zu entdecken? Dann sind die Erlebnistouren genau das Richtige für dich! Ganz einfach wird es mit der MARCO POLO Touren-App: Die Tour über den QR-Code aufs Smartphone laden – und auch offline die perfekte Orientierung haben.

Geduldiges Warten auf den Biss: Fischer auf der Galata-Brücke

Einfach QR-Code scannen und alle Karten & Infos zu unseren Touren auch unterwegs parat haben!

go.marcopolo.de/ist

DIE ERLEBNISTOUREN IM ÜBERBLICK

Piyale Paşa Bulvarı
Feriköy Mezarlığı
Harbiye Mezarlığı
Şişli
Bulvarı
Best. Boğaziçi Köprüsü Bağlantı Yolu
0-1
Boğaziçi Köprüsü Çevre Yolu
Kuruçeşme
Barbaros
Muallim Naci Caddesi
Beşiktaş
Maçka Parkı
Çırağan Cad.
Beşiktas Cad.
Dolapdere Caddesi
1
Kabataş
Boğaziçi (Bosphorus)
Kuzguncuk
Necatibey Cad.
Beyoğlu
Kemeralti C.
Tersane C.
Galata
4
Auf der asiatischen Seite
Üsküdar
3
1
İstanbul perfekt im Überblick
Sultan-ahmet
Marmara Denizi
Kadıköy

❶ İSTANBUL PERFEKT IM ÜBERBLICK

- ➤ Die Stadt in 360 Grad
- ➤ Im Schnellgang durch die Jahrhunderte
- ➤ Lichterpracht am Bosporus

Taksim-Platz | Taksim-Platz

ca. 12 km (ohne Metro- und Bootsfahrten) | 1 Tag, reine Gehzeit ca. 4 Stunden

Ein Besuch im Topkapı-Palast ist nicht geplant.

❶ Taksim-Platz
❷ Café Kitchenette

GUT GESTÄRKT IN DIE STRASSENBAHN

Der Tag beginnt mit einem Frühstück am zentralen ❶ Taksim-Platz ➤ S. 51. Bei einer großen Auswahl İstanbuler Köstlichkeiten im ❷ Café Kitchenette *(tgl. 8–1 Uhr | Taksim Meydanı | kitchenette.com.tr)* des Hotels Marmara Taksim hast du einen schönen Blick auf das moderne Zentrum der Stadt – und bekommst einen ersten Eindruck davon, wie dynamisch und oft auch hektisch İstanbul ist. *Vom Café aus läufst du auf den Taksim-Platz,* wo sich gegenüber dem Eingang zur Metro die Haltestelle für die historische Straßenbahn befindet, die dich zu einer Fahrt durch die ❸ İstiklal-Straße ➤ S. 50 mitnimmt. So lernst du die obere Hälfte der berühmten alten Prachtstraße mit ihren Kunstgalerien, Buchläden, Kinos, Cafés und Einkaufspassagen kennen.

❸ İstiklal-Straße

KIRCHEN, DERWISCHE UND ZEITREISEN

Auf halber Strecke zwischen dem Taksim- und dem Tünel-Platz, am Galatasaray-Gymnasium, steigst du aus und machst einen kleinen Bummel durch die ehemalige ❹ Çiçek Pasajı ➤ S. 73, die Blumenpassage, die gleich *rechts von der Haltestelle auf die İstiklal Caddesi mündet.* Auf dem angrenzenden ❺ Fischmarkt von Beyoğlu bekommst du einen Vorgeschmack auf das Markttreiben in İstanbul. Direkt zwischen den Marktständen, *rund 200 Meter von der İstiklal entfernt,* liegt

❹ Çiçek Pasajı
❺ Fischmarkt von Beyoğlu

versteckt hinter einem unscheinbaren, dunkelgrünen Metalltor, die größte armenische Kirche İstanbuls, ❻ Üç Horan. Die Kirche ist das Zentrum der in İstanbul verbliebenen Armenier und lohnt gerade wegen ihrer Schlichtheit einen Besuch.

INSIDER-TIPP
Armenische Kirche im Fischmarkt

❻ Üç Horan

Von Galatasaray aus geht es zu Fuß *weiter die İstiklal-Straße entlang bis zum Tünel-Platz.* Statte hier dem ❼ Mevlevi-Kloster ➤ S. 48, dem ehemaligen Hauptsitz der tanzenden Derwische in İstanbul, einen kurzen

❼ Mevlevi-Kloster

8 Galata-Turm

9 Galata-Brücke

10 Ägyptischer Basar

Besuch ab. Vom Kloster aus führt eine *Flaniermeile bergab direkt zum* 8 Galata-Turm ➤ S. 47. Löse dort ein Ticket und fahre mit dem Fahrstuhl zur Aussichtsplattform, von wo du einen Rundumblick über das Zentrum der Stadt hast. Danach geht es *weiter den Hügel hinunter, bis du in Karaköy vor dem Goldenen Horn und der* 9 Galata-Brücke ➤ S. 39 *stehst.* Die Brücke verbindet das moderne, europäische Beyoğlu mit der Altstadt. *Der Weg hinüber nach Eminönü* erscheint deshalb wie eine kleine Zeitreise – ein Gefühl, das sich noch verstärkt, wenn du auf der anderen Seite ins Gewimmel des 10 Ägyptischen Basars ➤ S. 84, 42 eintauchst. Der orientalische Markt ist ein Fest für die Sinne, denn in dem überdachten Basar gibt es alle Gewürze, die man sich vorstellen kann. Hol dir auf einer Schnuppertour Appetit für das Mittagessen!

11 Pandeli

12 Hagia Sophia

13 Blaue Moschee

ZU DEN BEKANNTESTEN GOTTESHÄUSERN

Das 11 Pandeli ➤ S. 71 oberhalb des Eingangs zum Basar ist ein stadtbekanntes Mittagslokal, wo du dich stilvoll stärken kannst. Danach *gehst du zur gegenüberliegenden Straßenbahnhaltestelle Eminönü und fährst drei Stationen bis Sultanahmet*. Hier befinden sich die beiden historischen Bauten, die jeder Besucher gesehen haben muss: die 12 Hagia Sophia ➤ S. 34 und die 13 Blaue Moschee ➤ S. 37. Sie gehören zu den beeindruckendsten Sakralbauten der Welt. Lass die monumentalen Gotteshäuser in Ruhe auf dich wirken.

14 Archäologische Museen

15 Skulpturengarten der Museen

16 Gülhane-Park

Hinter der Hagia Sophia liegt das große Eingangsportal zum ersten Hof des Topkapı-Palasts ➤ S. 31, in dem einst der Sultan lebte. Besichtige den frei zugänglichen Ersten Hof des Palastes und reserviere dir einen anderen Tag für den Besuch der weitläufigen Palastanlage. *Folge nun den Schildern zu den* 14 Archäologischen Museen ➤ S. 34, für deren Besuch du dir genug Zeit lassen solltest. Anschließend gönnst du dir im schattigen 15 Skulpturengarten der Museen bei einem Tee oder Kaffee eine Ruhepause. Lauf dann durch den angrenzenden 16 Gülhane-Park *zur Alemdar Caddesi zurück und geh die Straßenbahnschienen entlang hinunter zum Schiffsanleger in Eminönü.*

ERST BOOTSTOUR, DANN DINNER UND CLUB

Auf kleineren Motorbooten werden hier etwa zweistündige ⑰ Bosporus-Rundfahrten angeboten – nicht entgehen lassen! Wenn du ein Boot besteigst, gleitest du im Licht der untergehenden Sonne vorbei am Dolmabahçe-Palast ➤ S. 52, unter der ersten Bosporus-Brücke hindurch und wieder zurück zum Kai. *Über die Galata-Brücke gelangt man wieder nach Karaköy*. Hier steigst du in die älteste U-Bahn der Stadt, die ⑱ Standseilbahn Tünel, die dich *zurück zum Tünel-Platz* bringt. In den Gassen *direkt gegenüber des Ausgangs* gibt es Dutzende von Kneipen, Clubs und Restaurants, etwa das ⑲ Yakup 2 ➤ S. 77. Wer nach dem Essen noch Energie für den Besuch eines Musikclubs hat, geht ins nahe ⑳ Jolly Joker ➤ S. 102. Um Mitternacht schlenderst du dann *über die İstiklal Caddesi zurück* zum ① Taksim-Platz.

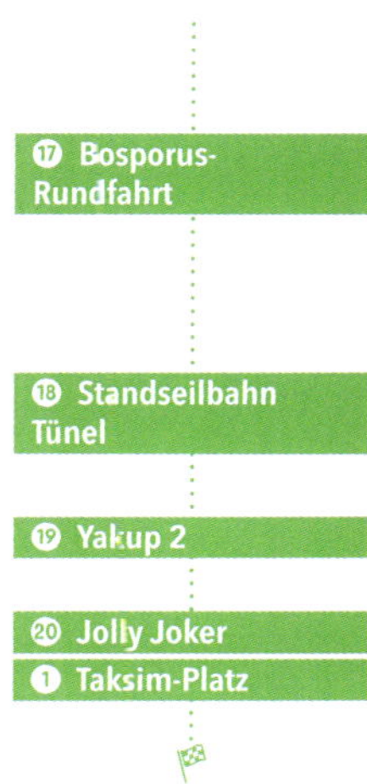

② EINBLICKE IN DAS CHRISTLICH-JÜDISCHE İSTANBUL

- ➤ Besuch beim Papst der Orthodoxen Kirche
- ➤ Die Pracht byzantinischer Mosaiken
- ➤ Die größte Stadtmauer der Welt

Der Spaziergang beginnt am Ufer des Goldenen Horns am ① Fener Vapur İskelesi, dem Fähranleger in Fener, wohin von Karaköy aus stündlich Fähren verkehren und in kürzerem Takt Busse abgehen *(Nr. 99, 99 A)*. Geh vom Anleger *durch die Yıldırım Caddesi ins Viertel hinein und wende dich linker Hand zur Dr. Sadık Ahmet Caddesi.*

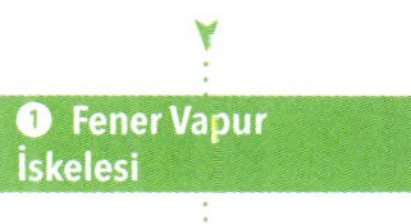

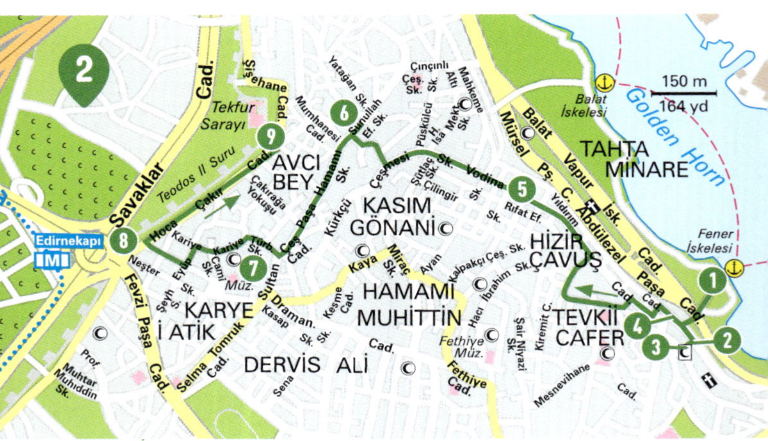

Hier liegt nach wenigen Metern rechts hinter hohen Mauern das ❷ **Griechisch-orthodoxe Patriarchat**, wo seit 1601 das Oberhaupt der orthodoxen Kirche lebt. Im Innenhof liegt die sehenswerte ❸ **Patriarchatskirche**. Schau dir vor allem die Ikonenwand an, die den Altar vom Hauptraum abtrennt und den größten Unterschied zu katholischen wie evangelischen Gotteshäusern ausmacht. Danach gehst du *ein paar Schritte zurück in die Yıldırım Caddesi*, wo das originelle ❹ **Café Naftalik** *(tgl. 10–20 Uhr | Yıldırım Cad. 27 | Fener | Tel. 0535 643 80 98 | €)* zu einer Pause einlädt.

VON FENER NACH BALAT

Vom Café gehst du links durch die Fener Kireçhane Sokak, wo du bald auf die Vodina Caddesi triffst, die Hauptstraße, die von Fener nach Balat führt. *Du wendest dich nach rechts* und hast nun beide Viertel vor dir. Die ehemals prächtigen griechischen Bürgerhäuser sind heruntergekommen, aber die Stadtverwaltung hat begonnen, das historisch wertvolle Viertel zu restaurieren. Mit einem kleinen *Aufstieg links über die Sancaktar Yokusu in die Merdivenli Mehtep Sokak*, über eine Treppe, die auf den Hügel führt, kommst du zu drei freistehenden alten Häusern, wo du einen schönen Blick aufs Goldene Horn hast. *Wende dich nach rechts*, dann geht es *über die Tevkii Cafer Mektebi und die Çimen Sokak wieder zurück auf die Vodina Caddesi. Hier gehst du nach links* und verlässt dabei Fener. Über einen kleinen Platz beginnt die Hauptstraße des ehemals jüdischen Balat, die nach wie vor Vodina Caddesi heißt; sie ist zugleich die Haupteinkaufsstraße.

5 Ada Lokantası

6 Molla Aşkı Teras Café

7 Chora-Kirche

Hier befinden sich einige der bei den Anwohnern beliebten kleinen Restaurants, wo die Speisen an der Theke präsentiert werden und man sich ein Mittagessen selbst zusammenstellt. *Auf der rechten Seite findest du das* 5 **Ada Lokantası** *(tgl. | Vodina Cad. 162/1 | Tel: 0212 5 32 04 45 | €)*, wo du ein preiswertes, gutes, typisch lokales Essen genießen kannst. *Die Vodina mündet in die Kürkçü Çeşme Caddesi*, wo man gleich zu Beginn die älteste Synagoge İstanbuls findet, die **Ahrida** *(leider nicht öffentlich zugänglich). Dann geht es immer geradeaus auf der Sultan Çeşme Sokak am Derviş Baba Kahvehanesi vorbei den Hügel hinauf, wo du neben der Hausnummer 64 eine Treppe findest, die du hochsteigst. Oben hältst du dich rechts* und kommst dann zu einem der schönsten Teegärten İstanbuls: 6 **Molla Aşkı Teras Café** *(tgl. 10–24 Uhr | Ayvansaray Mah., Paşa Hamamı Sok. 70 | Tel. 0212 5 34 86 44 | mollaaski.com | €)* mit Blick auf das Goldene Horn. Hier solltest du unbedingt einen stilvoll servierten türkischen Mokka trinken! *Geh anschließend auf der Paşa Hamamı Caddesi etwa 900 Meter nach links, bis rechts die Kariye Türbe Camii Sokak abbiegt.* Diese Gasse führt direkt zur 7 **Chora-Kirche**, heute ein Museum. Der Bau war früher Teil eines Klosters und enthält die sehr sehenswerten, besterhaltenen byzantinischen Mosaiken İstanbuls *(wird restauriert und ist immer nur teilweise zu besichtigen).*

Das Stadtviertel Balat war einst jüdisch geprägt

ÜBER DIE STADTMAUERN ZUM ALTEN PALAST

Von der Chora-Kirche geht es die Kariye Caddesi hinauf, wo du auf die 1600 Jahre alten 8 **Stadtmauern** ➤ S. 45, die größte Hinterlassenschaft von Byzanz, triffst. An mehreren Stellen gibt es frei zugängliche Treppen, um auf die Mauerkrone zu steigen und einen Rundblick über İstanbul zu genießen. Nach der Mauerbesichtigung und einer kleinen Verschnaufpause *wendest du dich nach rechts, in Richtung des Goldenen Horns. Hier triffst du nach wenigen hundert Metern* auf den 9 **Tekfur Palast**, den letzten teilweise erhalten gebliebenen byzantinischen Palast, der nach aufwendigen Restaurationsarbeiten nun zur Besichtigung wiedereröffnet wurde.

3 DIE KLASSISCHE ALTSTADT

- ➤ Das osmanische İstanbul
- ➤ Im Labyrinth der Basare
- ➤ Moscheen als Oasen der Ruhe

Start: Rüstem-Pascha-Moschee

Ziel: Sokullu-Mehmet-Pascha-Moschee

Strecke: ca. 5 km

Dauer: 1 Tag, reine Gehzeit 1 ¼ Stunden

Info: Hilfreich für die Orientierung: Anfangs geht es bis zum Großen Basar immer bergauf, ab dem Hippodrom wieder hügelabwärts Richtung Marmara-Meer.

1 Rüstem-Pascha-Moschee

Der Spaziergang beginnt an der 1 **Rüstem-Pascha-Moschee (Rüstem Paşa Camii)**, die von der Hauptstraße am Goldenen Horn etwas ins Viertel hineinversetzt liegt. Sie befindet sich am Ende des Tahtakale-Markts ➤ S. 43 und ist *durch einen Treppenaufgang von der Straße aus zu erreichen.* Das Gotteshaus wurde von

1561 bis 1563 im Auftrag des damaligen Großwesirs Rüstem Pascha von dem Hofarchitekten Mimar Sinan errichtet. Sowohl an der Fassade als auch im Innenraum ist es großflächig mit den berühmten İznik-Fayencen geschmückt. Das sind die Kacheln aus der zentralen Kunstwerkstatt des Osmanischen Reichs im westanatolischen İznik, wo Quarzvorkommen gute Bedingungen für die Herstellung der Fayencen boten.

GLEICH DREI BASARE

Von der Moschee aus *folgest du der Marktgasse Hasırcılar Caddesi,* bis du auf den Ägyptischen Basar ➤ S. 84, 42 stößt. Verlass den Ägyptischen Basar *durch das Ketenciler Kapi direkt auf die Sabuncu Han, der du den Hügel hinauf zur Fincancılar Sokak durch das Gassengewirr folgst.* Du läufst vorbei an zahlreichen Läden für Gold, Textilien und Gebrauchsgegenständen und *biegst dann nach links auf die Çakmakçılar Yokuşu ab. Etwas weiter aufwärts triffst du auf die wieder nach links abbiegende Yağlıkçılar Caddesi*, die dich direkt zum Mercan-Tor in den Großen Basar ➤ S. 85, 42 führt. Kurz vor dem Tor liegt auf der linken Seite das einfache Lokal ❷ Meshur Mustafa Usta'nin Yeri *(tgl. 10–18 Uhr | Tigcilar Sok. 35a | Tel. 0212 5 22 88 99 | €),* wo du gemeinsam mit den Marktleuten deinen Mittagsimbiss einnehmen kannst. Ein Streifzug durch den Basar kann allein mehrere Stunden in Anspruch nehmen, deshalb begnüge dich auf dem Spaziergang besser nur mit einem kurzen Blick in das Ladenlabyrinth. *Folg der Yağlıkçılar Caddesi im Basar immer geradeaus bis du am Ende auf die Kalpakcilar Cadde triffst, wo du nach rechts abbiegst und am Ende aus dem Basar hinaustrittst. Fast gegenüber liegt auf der linken Seite der sehenswerte* ❸ Alte Bücherbasar (Sahaflar) *(Çadırcılar Cad.).* Hier gibt es neben wirklich antiquarischen Büchern und Karten auch fremdsprachige Trivialliteratur. In den kleinen, versteckten Läden des jahrhundertealten Basars kannst du so manche bibliophile Entdeckung machen. Wenn du den Buchmarkt durchquert hast, *erreichst du den großen Beyazıt Meydanı,*

❷ Meshur Mustafa Usta'nin Yeri

❸ Alter Bücherbasar

INSIDER-TIPP
In alten Miniaturen und Karten stöbern

den Platz, an dem die Universität und die Beyazıt-Moschee (Beyazıt Camii) liegen, *wo du auf die Hauptverkehrsstraße Yeniçeriler Caddesi triffst.*

ZU DEN LIEBHABERN DER WASSERPFEIFE

❹ Çorlulu-Ali-Pascha-Moschee

Folg der Hauptstraße nach links in Richtung der Blauen Moschee ➤ S. 37. Wenn du die Bushaltestellen passiert hast, liegt auf der linken Seite die ❹ Çorlulu-Ali-Pascha-Moschee (Çorlulu Ali Paşa Camii), in deren Innenhof sich der Teegarten Çorlulu Ali Paşa Medresesi ➤ S. 66 befindet, der zu den ältesten Treffpunkten der Stadt für die Liebhaber der Wasserpfeife gehört. Hier ist der richtige Platz, um selbst einmal eine traditionelle *nargile* zu probieren. Entspann dich neben alten Männern, die genüsslich den kalten Rauch einsaugen. *Wenige Schritte weiter, ebenfalls auf der linken Straßenseite,* passierst du die Konstantinssäule, eines der letzten Baudenkmäler aus der Gründungszeit Konstantinopels im 4. Jh.

SCHÖNE ZISTERNE UND GUTES MUSEUM

❺ Şerefiye Sarnıcı

❻ Hippodrom

❼ Museum für Türkische und Islamische Kunst

Danach *biegst du nach rechts in die Piyer Loti Caddesi ab und siehst nach 100 Metern rechts* die hervorragend restaurierte unterirdische Zisterne ❺ Şerefiye Sarnıcı ➤ S. 39. *Unterhalb des Eingangs in die Zisterne gehst du nach links in die Peykhane Caddesi,* die dich direkt zum antiken ❻ Hippodrom ➤ S. 38 führt. Das Hippodrom war während des byzantinischen Kaiserreichs das Zentrum der Stadt. Auf der Seite, an der sich heute die Blaue Moschee befindet, stand zur Zeit des Oströmischen Reichs die Kaiserloge, dahinter schloss sich der Kaiserpalast an. Am Hippodrom liegt das ❼ Museum für Türkische und Islamische Kunst (Türk ve Islam Eserleri Müzesi) ➤ S. 38. Das nach einer gründlichen Restaurierung wiedereröffnete Museum ist um einen großen Innenhof erbaut und enthält eine berühmte Teppichsammlung. Kunstwerke aus der gesamten islamischen Welt machen das Museum sehr sehenswert.

ZU SINANS MEISTERWERK

Genau wo du auf das Hippodrom triffst, biegt rechts die Şehit Mehmet Paşa Sokağı ab, die dich zum Ziel

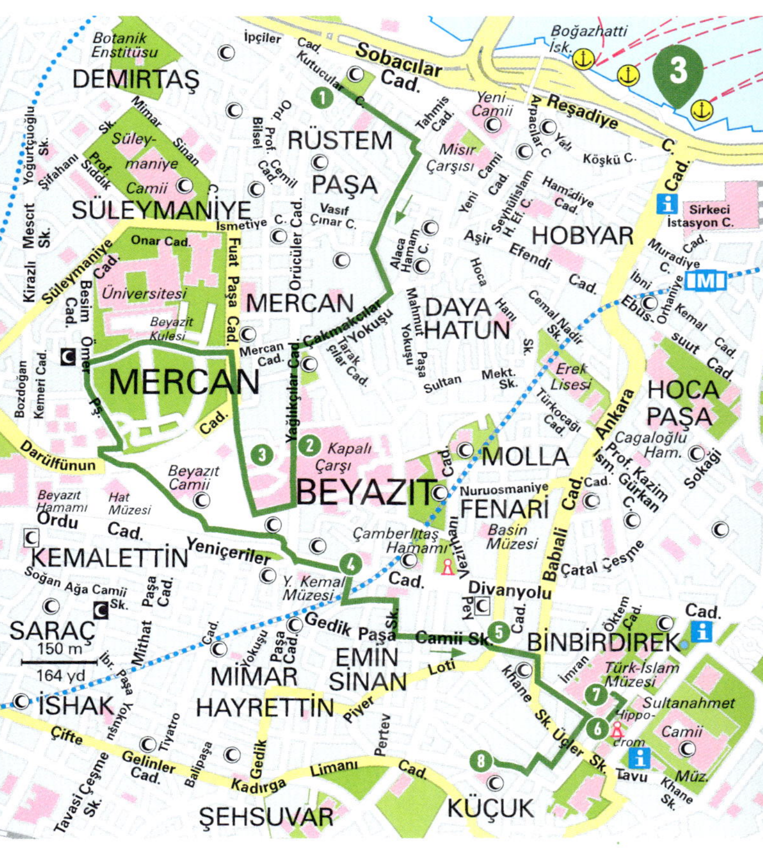

des Spaziergangs, der **8 Sokullu-Mehmet-Pascha-Moschee (Sokullu Mehmet Paşa Camii)**, führt. Das Gotteshaus wurde wie die Rüstem-Pascha-Moschee von Mimar Sinan im Auftrag eines Großwesirs errichtet – und zwar genau zehn Jahre später. Die Moschee schaut auf das Marmara-Meer und ist wie ihre Schwester ein Glanzstück des Hofarchitekten. Weil Sinan, anders als bei den großen Sultansmoscheen, hier mehr architektonische Freiheiten hatte, gehören die beiden Gotteshäuser zu den eindrucksvollsten Zeugnissen klassischer osmanischer Baukunst.

8 Sokullu-Mehmet-Pascha-Moschee

❹ AUF DER ASIATISCHEN SEITE

- ➤ Wo die Gläubigen nach Mekka starten
- ➤ Der Heilige und seine Besucher
- ➤ Fischmarkt der einfachen Leute

Mihrimah Sultan Camii

Kanaat Lokantası

knapp 2 km

½ Tag, reine Gehzeit gut ½ Std.

Du kannst nach Üsküdar auch mit der Marmaray-Bahn unter dem Bosporus hindurchfahren.

❶ Mihrimah Sultan Camii

❷ Şemsi Paşa Camii

❸ Yeni Valide Camii

❹ Grabmal von Aziz Mahmut Hüdai

DREI MOSCHEEN UND EIN MYSTIKER

Die Tour beginnt gegenüber dem Fähranleger vor der berühmtesten Moschee Üsküdars, der ❶ Mihrimah Sultan Camii ➤ S. 59. Besuch die 1548 vom Hofarchitekten Sinan für die Tochter des Sultans Süleyman dem Prächtigen erbaute Moschee. Danach schlenderst du *nach links am Meer entlang* auf eine weitere Moschee zu. Hier steht eine der feinsten von Sinan erbauten Moscheen, ❷ Şemsi Paşa Camii ➤ S. 59, direkt am Meer – entdecke dieses versteckte Kleinod! Anschließend läufst du *über den Metroplatz wieder ein Stück zurück und gehst dann über die Rumi Mehmet Pasa Sokak und die Dogancilar Caddesi* zur dritten großen Moschee im Zentrum des Stadtteils, die ❸ Yeni Valide Camii mit herausragenden Kalligrafien im Innern. *Auf der Hauptstraße Hakimiyeti Milliye Caddesi geht es etwa 100 Meter nach rechts, bis du in die Uncular Caddesi einbiegen,* wo Haushaltswaren angeboten werden. *Du wendest dich nach wenigen Metern nach links und läufst die Gülfem Sokak am Café Sakliköy vorbei, bis du nach 100 Metern auf die Aziz Mahmut Hüdai Efendi Sokak triffst.* Aziz Mahmut Hüdai war ein berühmter Mystiker. Sein ❹ Grabmal, 100 Meter weiter rechts, ist heute eine wichtige islamische Wallfahrtsstätte,

INSIDER-TIPP
Die Mystik der Buchstaben

die für Besichtigungen offen ist. Vorbei an Läden für Pilgerbedarf *gehst du über die Tepsi Fırını Sokak zurück zur Hauptstraße und wendest dich nach links Richtung Bosporus. Nach wenigen hundert Metern taucht rechts der* **5 Fischmarkt (Balikci Pazari)** *(tgl. ab 11 Uhr) auf, den du bis zur Atlas Sokak durchquerst. Geh geradeaus weiter auf die Salmani Pak Caddesi, auf der du nach links läufst. So erreichst du nach wenigen Metern auf der linken Seite* das bekannte **6 Kanaat Lokantası** ➤ S. 74, wo deine verdiente Mittagspause wartet. Nach dem Essen kannst du entweder einige Schritte zum Hauptplatz zurückgehen und mit einem Sammeltaxi *(dolmuş)* nach Kadıköy ➤ S. 57 fahren, um das säkulare Gegenstück zu Üsküdar zu erleben, oder du fährst mit Fähre oder Bahn zurück auf das europäische Festland.

5 Fischmarkt von Üsküdar

6 Kanaat Lokantası

GUT ZU WISSEN

DIE BASICS FÜR DEINEN STÄDTETRIP

ANKOMMEN

ANREISE

Die Flugzeit von Deutschland nach İstanbul beträgt knapp drei Stunden. Linienmaschinen und auch fast alle Chartermaschinen landen auf dem neuen *İstanbul-Flughafen (istairport.com)* am Schwarzen Meer oder auf dem *Sabiha-Gökçen-Airport (sgairport.com)* auf der asiatischen Seite der Stadt.

Die Metro zum İstanbul-Flughafen wird noch ausgebaut; derzeit fährt sie vom Flughafen bis Kağıthane im Norden der Stadt. Deshalb sind die Flughafenbusse des Dienstleisters *HavaIst* noch immer das beste Verkehrsmittel, um ins Zentrum zu kommen. Du findest sie im Untergeschoss des Flughafens. Sie sind jeden Tag rund um die Uhr im Einsatz und fahren entweder alle 20 oder 30 Minuten. Die elf Linien fahren in alle wichtigen Viertel, zu Busbahnhöfen und anderen Verkehrsknotenpunkten. Das Busticket kostet je nach Zielort zwischen 3 und 5 Euro. Du zahlst entweder mit der *İstanbulkart* (s. S. 130) oder mit Kreditkarte.

Vom *Sabiha-Gökçen-Airport* gibt es neben Service-Bus und Taxi auch eine durchgehende U-Bahn in die Stadt mit Endstation Kadıköy. Willst du auf die europäische Seite, dann steigst du eine Station vorher (Haltestelle: Ayrılık Çeşmesi) in die Marmaray-S-Bahn. Durch die Entwertung der Türkischen Lira sind Taxifahrten von und zum Flughafen nicht mehr so teuer wie vor 2023.

Aus fast allen großen Städten in Deutschland fahren preisgünstige Busse nach İstanbul, die Fahrt ist jedoch strapaziös. So braucht ein Überlandbus von München 32 Std. *(hin und zurück ca. 200 Euro)!*

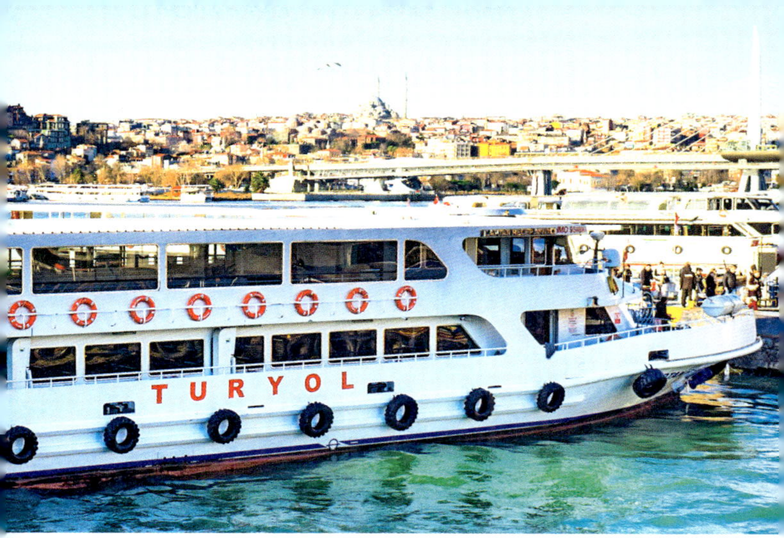

Mit den Fähren geht's nicht nur zum Goldenen Horn

Ab München gibt es eine direkte Bahnverbindung über Budapest nach İstanbul. Die Fahrt dauert rund 44 Stunden und ist genauso teuer wie ein Charterflug.
Die Anreise per Schiff ab Venedig oder Brindisi nach İzmir und dann weiter mit dem Auto nach İstanbul ist reizvoll, kostet aber pro Auto mit einer Person ab 400 Euro.

AUSKUNFT VOR DER REISE

Türkische Fremdenverkehrs- und Informationsämter
Deutschland:
Baseler Str. 35–37 | 60329 Frankfurt/ Main | Tel. 069 23 30 81;
Österreich:
Singerstr. 2/8 | 1010 Wien | Tel. 0151 2 21 28 | turkinfo.at
Schweiz:
Stockerstr. 55 | 8002 Zürich | zurich@ tuerkei-info.ch

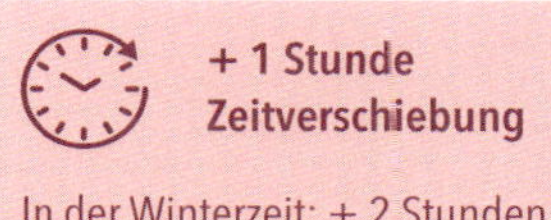

EINREISE

Deutsche, Österreicher und Schweizer benötigen bei der Einreise kein Visum, der Personalausweis genügt. Die maximale Aufenthaltsdauer beträgt 90 Tage (ohne Pass: abgestempelten Einreisezettel aufheben).
Schüler und Studierende sollten einen internationalen Ausweis mitnehmen.

REISEZEIT

İstanbul hat natürlich zu jeder Jahreszeit seinen Reiz, aber dennoch gibt es bessere und weniger gute Monate, in denen du einen Besuch planen solltest. Fast alle Besucher aus Deutschland glauben, in İstanbul müsste es das ganze Jahr hindurch wesentlich wärmer sein, und stellen dann erstaunt fest, dass hier in den Wintermonaten von Dezember bis März auch Schnee liegen kann und es unangenehm kalt ist. Die beste Reisezeit ist Mitte April bis Mitte Oktober.

MOBIL SEIN

İSTANBULKART

Der Schlüssel zum öffentlichen Nahverkehr in İstanbul ist die *İstanbulkart*. Sowohl in städtischen Bussen als auch in der Metro, in der Marmaray-S-Bahn, auf den Fähren und selbst bei öffentlichen Toiletten zahlst du damit. Du bekommst sie für rund 1 Euro an Zeitungskiosken und den Automaten, die an jeder U-Bahnstation und jedem größeren Busbahnhof zu finden sind. Hier kannst du die Karte auch jederzeit aufladen. Die İstanbulkart kannst du an ausgezeichneten Automaten auch mit Kreditkarte aufladen. Wenn insgesamt 500 TL aufgeladen wurden, braucht man eine neue.

ÖFFENTLICHE VERKEHRSMITTEL

Die besten Verkehrsmittel in İstanbul sind die Metro, der Metrobus, die Straßenbahn und die unterirdischen Seilbahnen zwischen Karaköy-Tünel und Kabataş-Taksim. Sehr angenehm ist auch eine Fahrt mit der Fähre von der europäischen Seite der Stadt auf die asiatische Seite und umgekehrt.

Taxifahren ist in İstanbul verhältnismäßig günstig: Du zahlst rund ein Drittel weniger als in Deutschland. Vergewissere dich vor der Fahrt, ob der Fahrer das Ziel kennt und das Taxameter angeschaltet ist.

Die Busse sind in der Regel überfüllt und bleiben oft im Verkehr stecken. Falls du doch Bus fahren willst: Zentrale Busstationen gibt es am Taksim-Platz, in Karaköy, Eminönü und am Hürriyet Meydanı in Beyazıt. Auf der asiatischen Seite steigt man in Kadıköy und Üsküdar am Anleger ein.

Von der zentralen Flaniermeile İstiklal Caddesi geht es an jedem Ende mit der unterirdischen Seilbahn Füniküler Kabataş–Taksim zum Bosporus und mit der Tünel-Bahn von Beyoğlu nach Karaköy hinunter. Achtung: An Feiertagen sind alle öffentlichen Verkehrsmittel kostenlos und deshalb überfüllt!

Die Fähren fahren von Karaköy nach Kadıköy und von Eminönü nach Üsküdar und Kadıköy. Von Beşiktaş aus gibt es Motorboote nach Üsküdar. Von Beşiktaş und Kabataş fahren Fähren und Motorboote zu den Prinzeninseln.

Die Marmaray genannte S-Bahn ist das Prachtstück des İstanbuler Nahverkehrs. Sie führt von Halkali im Westen der Stadt unter dem Bosporus hinweg (zwischen Sirkeci und Üsküdar) bis nach Gebze ganz im Osten auf der asiatischen Seite. Das Ticket für diese fast 100 km lange Strecke kostet ca. 1 Euro. Die moderne, klimatisierte Bahn verbindet alle wichtigen Stadtteile miteinander. Sie fährt stets unweit des Marmara-Meers entlang und ist deshalb auch für Besucher der Stadt ein wichtiges Verkehrsmittel.

Die İstanbulkart gibt es an den vielen Kiosken

VOR ORT

AUSKUNFT IN İSTANBUL

Sultanahmet

Tgl. 9–19 Uhr | Informationspavillon Sultanahmet Meydanı | Tel. 0212 5 18 18 02 | *c5*

Taksim

Tgl. 8–19 Uhr | Hilton Oteli Girişi (am Eingang zum Hotel) | Tel. 0212 2 33 05 92 | *h5*

GELD, BANKEN & PREISE

Die türkische Währung, Türk Lirası (TL), gibt es in Scheinen zu 200, 100, 50, 20, 10 und 5 TL und Münzen als 1 TL, 50 Kuruş, 25, 10 und 5 Kuruş. Der Wechselkurs schwankt stark. Du erfährst ihn bei den Devisenhändlern, aus den Tageszeitungen oder bei den Banken sowie auf Websites wie z.B. *oanda.com*.

Die Banken sind in der Regel Montag bis Freitag von 8.30 bis 12.30 und von 13.30 bis 17 Uhr geöffnet, manche auch mittags und am Sonnabend *(öğlen açık)*.

In allen Banken und Devisenbüros kannst du Geld wechseln. Am einfachsten ist es, mit der EC-Karte an einem Automaten Geld abzuheben.

Euros geben bei Bedarf u. a. Automaten der HSBC-Bank und der Dışbank heraus. Beinahe überall werden mittlerweile Kreditkarten akzeptiert. Zwischen der Türkei und Deutschland gibt es große Preisunterschiede, vor allem bei Textilien und Schuhen. Auch internationale Modemarken sind meist 30 bis 60 Prozent günstiger. Für Lebensmittel zahlst du – im Einkauf, nicht im Restaurant! – ebenfalls weniger. In der Saison sind Obst und Gemüse erheblich billiger, Fleisch ist teurer. Edelsteine und Souvenirs sind in der Regel preiswerter. Aufpassen solltest du bei alkoholischen Getränken – aufgrund einer Sondersteuer ist der Alkohol hier teuer.

WAS KOSTET WIE VIEL?

Taxi	ca. 5 Euro *für bis zu 10 km*
Kaffee	ca. 2 Euro *für einen türkischen im Café*
Wein	ab 5 Euro *für ein Glas im Restaurant*
öffentliche Fähre	ca. 0,50–1 Euro *für eine einfache, innerstädtische Fahrt*
Souvenir	ab ca. 25 Euro *für eine schlichte Wasserpfeife auf dem Basar*
Imbiss	ca. 4 Euro *für einen Fisch im Brot*

LGBTQ

Queer-Sein ist nicht verboten, aber dies öffentlich zur Schau zu stellen, führt zu Diskriminierungen bis hin zu Gewalt. Pride Days werden untersagt, Aktivisten kämpfen um Anerkennung. Dennoch gibt es in İstanbul (vor allem um Taksim herum) eine lebhafte Queer-Szene mit Clubs und Vereinen. Wenn du Kontakt suchst, informier dich besser schon vorab.

POST

Postämter erkennt man an dem gelben Schild mit der Aufschrift „Ptt". In der Regel braucht die Post in EU-Länder und die Schweiz bis zu einer Woche. *Öffnungszeiten: Mo–Fr 8.30–12 und 13–17 Uhr*

STADTRUNDFAHRTEN

Stadtrundfahrten bieten u. a. *Big Bus İstanbul* und *Plantours (Cumhuriyet Cad. 83/1 | Elmadag | Tel. 0212 2 34 77 77 | plantours.com)* an. Die Plantours-Busse fahren gegenüber der Hagia Sophia ab *(stdl., Juni–Mitte Okt. 10–18, Mitte Okt.–Mai 10–16 Uhr | Dauer 1–2 Std. | ab 20 Euro). Big Bus (Binbirdirek Mah., Dostluk Yurdu Sok. 1/5 | Çemberlitaş-Fatih | Tel. 0212 2 83 13 96 | eng.bigbustours.com/istanbul/home.html)* bietet für seine diversen Tourangebote Tickets ab ca. 25 Euro und verschiedene Ermäßigungen über das Internet. Vor allem die „Rote Tour" zu Zielen auf beiden Seiten des Bosporus ist sehr beliebt. Die (größtenteils behindertengerechten) Busse fahren täglich von 9 bis 17 Uhr jede halbe Stunde am Sultanahmet-Platz ab.

TELEFON & INTERNET

Da die Türkei nicht zur EU gehört, ist das Telefonieren nach wie vor teuer. Es gibt in der Türkei diverse Mobilfunknetze, die gängigsten sind Turkcell, Vodafone und Telekom. Am Flughafen kannst du Prepaidkarten erwerben.

Vorwahl für Deutschland: 00 49
Vorwahl für Österreich: 00 43
Vorwahl für die Schweiz: 00 41
Vorwahl für die Türkei: 00 90

Vorwahlen für İstanbul:
00 90 212 (europäische Seite),
00 90 216 (asiatische Seite)

Auch bei Ortsgesprächen über den Bosporus sind 0216 (für „Asien") bzw. 0212 (für „Europa") vorwegzuwählen. Mit dem ADSL-Netz *IBB WiFi* kannst du an vielen Orten in der Stadt kostenlos im Internet surfen. Zentrale Plätze wie Taksim oder Sultanahmet, wichtige Alleen wie die İstiklal, Busse, U-Bahnstationen und viele andere Orte sind damit ausgestattet. Auch Shoppingmalls, Restaurants und Cafés bieten kostenlose Netzverbindungen an.

UNTERKUNFT

İstanbuler Hotels sehen es sehr gern, wenn ihre Gäste direkt bei ihnen buchen. Ob per Anruf oder durch das Ausfüllen eines Formulars auf ihrer Website – direkte Reservierungen werden mit bis zu 25 Prozent Rabatt belohnt. Vergleich die verschiedenen Hotelvermittlungsdienste mit den Preisen am Telefon oder auf der Website – du wirst es nicht bereuen.

NOTFÄLLE

NOTRUF

Touristenpolizei: 0212 5 27 45 03
Notruf landesweit: 1 55
Medizinischer Notruf: 1 12 oder 0212 4 44 09 11
Rettungshelikopter (International Hospital): 0212 6 63 30 00

GESUNDHEIT

Nach einem Arzt fragst du am besten im Hotel oder bei der Touristinformation. Die Apotheken *(eczane)* sind gut sortiert. Impfungen vor der Reise sind nicht erforderlich.

Auf Ausländer eingestellt sind:

Florence Nightingale Krankenhaus
Abide-i Hürriyet Cad. 166 | Şişli | Tel. 0212 3 75 65 65 | h4
Cemil Aslan Güder Sok. 8 | Beşiktaş | Tel. 0212 2 88 34 00 | florence.com.tr | j4

Österreichisches Krankenhaus (Avusturya Hastanesi)
Bereketzade Medresesi Sok. 7 | Karaköy | Tel. 0212 2 43 25 90 | sjh.com.tr | K3

DIPLOMATISCHE VERTRETUNGEN

Deutsches Generalkonsulat (Alman Başkonsolosluğu)
Inönü Cad. 10 | Taksim | Tel. 0212 3 34 61 00 | Notfälle: 0212 3 34 61 51 | istanbul.diplo.de | h5

Österreichisches Generalkonsulat (Avusturya Başkonsolosluğu)
Köybaşı Cad. 46 | Yeniköy | Tel. 0212 2 62 93 15 | j3

Schweizer Generalkonsulat (İsviçre Başkonsolosluğu)
Hüsrev Gerede Cad. 75/3 | Teşvikiye | Tel. 0212 2 59 11 15 | h4

WICHTIGE HINWEISE

FEIERTAGE

1. Jan.	*Yılbaşı* (Neujahr)
23. April	*Ulusal Egemenlik ve Çocuk Bayramı* (Fest der Nationalen Souveränität und der Kinder)
1. Mai	*İşçi Bayramı* (Tag der Arbeit)
19. Mai	*Gençlik ve Spor Bayramı* (Fest der Jugend und des Sports)
15. Juli	*Demokrasi ve Millî Birlik Günü* (Tag der Demokratie und der Nationalen Einheit)
30. Aug.	*Zafer Bayramı* (Ende des Unabhängigkeitskriegs 1922)
29. Okt.	*Cumhuriyet Bayramı* (Gründung der Türkischen Republik 1923)

GRÜN & FAIR REISEN

Du willst beim Reisen deine CO_2-Bilanz im Hinterkopf behalten? Dann kannst du deine Emissionen kompensieren *(atmosfair.de; my climate.org)*, deine Route umweltgerecht planen *(routerank.com)* oder auf Natur und Kultur *(gate-tourismus.de)* achten. Mehr über ökologischen Tourismus erfährst du hier: *oete.de* (europaweit); *germanwatch.org* (weltweit).

LEITUNGSWASSER

Das Leitungswasser ist zwar gechlort, man sollte es aber besser nicht direkt trinken und nur zum Kochen benutzen.

MOSCHEEBESUCH

Zu Gebetszeiten solltest du Moscheen meiden. Du erkennst sie am Gebetsaufruf Ezan. Minishorts und rückenfrei ist verpönt – Umhänge gibt es am Eingang. Schuhe ziehst du aus, nimmst sie entweder mit oder lässt sie am Eingang stehen.

ORIENTIERUNG

Das Stadtgebiet von İstanbul ist mehrfach unterteilt. Der Bosporus trennt die europäische *(Avrupa Yakasi)* und die asiatische Seite *(Asya)*.
Die Verwaltungseinheiten sind die Stadtteile *(ilçe)*. Sie gliedern sich in kleinere Viertel *(semt)*, diese in Nachbarschaften *(mahalle)*. Auf der Suche nach einer Adresse empfiehlt es sich oft, die Nachbarschaften mitzuteilen.

TRINKGELD

In Cafés, Kneipen und Restaurants ist ein Trinkgeld von ca. 10 Prozent üblich. In Hotels freut sich das Personal natürlich ebenfalls über etwas Kleingeld. Im Taxi ist Trinkgeld aber eher unüblich.

KRIMINALITÄT

İstanbul ist verglichen mit anderen Metropolen eine sichere Stadt. Trotzdem: Achte im Gedränge auf deine Geldbörse und lass dich auf der İstiklal nicht von Neppern in überteuerte Kneipen schleppen.

SICHERHEIT

Die Zeit, als İstanbul in kurzen Abständen von Terroranschlägen getroffen wurde, liegt zwar schon einige Jahre zurück – vermeide trotzdem größere Menschenmengen und Demonstrationen, bei denen es nach wie vor regelmäßig zu Auseinandersetzungen kommt.

Das Auswärtige Amt warnt außerdem ausdrücklich davor, sich in den sozialen Medien allzu kritisch über die Regierung und speziell über den Präsidenten zu äußern. Das hat bereits häufiger zu Festnahmen geführt und ist oft nicht wie in Deutschland durch die Meinungsfreiheit gedeckt.

Außerdem solltest du vor der Reise die aktuellen Sicherheitsinformationen des Auswärtigen Amtes noch einmal checken: *auswaertiges-amt.de*

ZOLL

Ausländische wie türkische Währung darf in unbegrenzter Höhe mitgenommen werden. Zollfrei eingeführt werden dürfen 200 Zigaretten oder 20 Zigarren sowie 5 l alkoholische Getränke. Kraftfahrzeuge werden bei der Einreise im Pass vermerkt.

Die Ausfuhr antiker (mehr als 100 Jahre alter) Gegenstände ist verboten. Bei Mitnahme sonstiger alter Gegenstände ist die Genehmigung eines Museumsdirektors notwendig. Bei der Rückreise in die EU gelten folgende Freimengen: 200 Zigaretten, 250 g Rauchtabak oder 50 Zigarren, 2 l Wein und 1 l Spirituosen, 500 g Kaffee, 50 g Parfum, 250 ml Eau de Toilette sowie Waren bis zu einem Wert von 430 Euro (bei Flugreisen). Infos: *zoll.de*

WETTER IN İSTANBUL

Hauptsaison: Mai–Sept. · Nebensaison: Jan.–April, Okt.–Dez.

	JAN.	FEB.	MÄRZ	APRIL	MAI	JUNI	JULI	AUG.	SEPT.	OKT.	NOV.	DEZ.
Tagestemperaturen	9°	9°	11°	16°	21°	26°	29°	29°	25°	21°	15°	11°
Nachttemperaturen	3°	2°	3°	7°	12°	16°	18°	20°	15°	12°	8°	5°
Sonnenschein Stunden/Tag	3	4	5	6	9	11	12	11	8	6	4	3
Niederschlag Tage/Monat	12	11	9	6	5	4	3	2	5	7	10	13
Wassertemperatur	8°	8°	8°	11°	15°	20°	22°	23°	21°	19°	15°	11°

Sonnenschein Stunden/Tag · Niederschlag Tage/Monat · Wassertemperatur

SPICKZETTEL TÜRKISCH

SMALLTALK

ja/nein/vielleicht	evet/hayır/belki
Bitte./Danke.	Lütfen./Teşekkür (ederim) oder Mersi.
Gute(n) Morgen!/Tag!/Abend!/Nacht!	Günaydın!/İyi Günler!/İyi Akşamlar!/İyi Geceler!
Hallo!/Auf Wiedersehen!	Merhaba!/Allaha ısmarladık!
Tschüss!	Hoşçakal (Plural: Hoşçakalın)/Bye bye!
Ich heiße …	Adım … oder İsmim …
Wie heißen Sie?	Sizin adınız ne?/Sizin isminiz ne?
Wie heißt du?	Senin adın ne?/Senin ismin ne?
Ich komme aus …	… den/dan geliyorum.
Entschuldige!/Entschuldigen Sie!	Afedersin!/Afedersiniz!
Das gefällt mir (nicht).	Beğendim./Beğenmedim.
Ich möchte …/Haben Sie …?	… istiyorum/… var mı?

ZEIGEBILDER

ESSEN & TRINKEN

Die Speisekarte, bitte.	**Menü lütfen.**
Könnte ich bitte … haben?	**… alabilir miyim lütfen?**
Flasche/Karaffe/Glas	**şişe/karaf/bardak**
Messer/Gabel/Löffel	**bıçak/çatal/kaşık**
Salz/Pfeffer/Zucker	**tuz/karabiber/şeker**
Essig/Öl	**sirke/zeytinyağı**
Milch/Sahne/Zitrone	**süt/kaymak/limon**
mit/ohne Kohlensäure	**karbonatlı/karbonatsız**
Vegetarier(in)/Allergie	**vejetaryan/alerji**
Ich möchte zahlen, bitte.	**Hesap lütfen.**
Rechnung/Quittung/Trinkgeld	**fatura/fiş/bahşiş**
bar/ec-Karte/Kreditkarte	**nakit/banka kartı/kredi kartı**

NÜTZLICHES

Wo ist …? /Wo sind …?	**Nerede …?/neredeler …?**
heute/morgen/gestern	**bugün/yarın/dün**
Wie viel kostet …?	**… ne kadar? Fiyatı ne?**
Wo finde ich einen Internetzugang?	**İnternete nereden girebilirim?**
Hilfe!/Achtung!	**İmdat!/Dikkat!**
Apotheke/Drogerie	**eczane/ıtriyat mağazası**
kaputt/funktioniert nicht	**bozuk/çalışmıyor**
Fieber/Schmerzen/Durchfall/Übelkeit	**ateş/ağrı/ishal/bulantı**
(kein) Trinkwasser	**içme suyu (değil)**
offen/geschlossen	**açık/kapalı**
Eingang/Einfahrt	**giriş/garaj kapısı**
Ausgang/Ausfahrt	**çıkış/garaj çıkışı**
Toiletten/Damen/Herren	**tuvalet (WC)/bayan/bay**
Entschuldigung, das habe ich nicht verstanden.	**Özür dilerim, anlamadım**
Ich möchte ein Auto mieten.	**bir otomobil/araba kiralamak istiyorum.**
Bank/Geldautomat	**banka/ATM**
Supermarkt	**süpermarket**
Bäckerei/Markt	**fırın/pazar**
0/1/2/3/4/5/6/7/8/9/ 10/100/1000	**sıfır/bir/iki/üç/dört/beş/altı/yedi/ sekiz/dokuz/on/yüz/bin**

LESESTOFF & FILMFUTTER

ISTANBUL. ERINNERUNGEN UND BILDER AUS EINER STADT

Der Romancier und Nobelpreisträger Orhan Pamuk ist so etwas wie der Stadtschreiber İstanbuls. Seine Essays über İstanbul sind mit den grandiosen Fotos des armenisch-türkischen Meisters Ara Güler bebildert.

SCHNEE AM BOSPORUS

Die Kriminalromane des İstanbuler Autors Celil Oker handeln von dem Privatdetektiv Remzi Ünal und geben mit atmosphärischer Dichte Einblick in das Alltagsleben der Weltmetropole.

AUF DER ANDEREN SEITE

Der preisgekrönte deutsch-türkische Regisseur Fatih Akın erzählt (u.a. mit Hannah Schygulla) die Geschichte von sechs unterschiedlichen Menschen, deren Wege sich in İstanbul kreuzen (2008).

KEDI – VON KATZEN UND MENSCHEN

Ein İstanbul ohne die Katzen auf den Straßen ist undenkbar. Sie sind feste Kiezbewohner, haben Namen und gehören einfach dazu. Diese liebevolle Hommage von Ceyda Torun erschien 2017.

PLAYLIST İSTANBUL

0:58

II AJDA PEKKAN – AYNEN ÖYLE
Die Ohrwürmer der Popmusik-Diva spielen in jedem Club und auf allen Sendern.

▶ TARKAN – KUZU KUZU
Der Megastar der İstanbuler Musikszene tritt für eine moderne, umweltbewusste Türkei ein.

▶ FAZIL SAY – BLACK EARTH
Der Klaviervirtuose und Komponist klassischer Musik verbringt seine Zeit meist in İstanbul, wenn er nicht auf Tournee ist.

▶ ZEKİ MÜREN – SORMA
Eine İstanbuler Taverne ohne diese „Türkische Kunstmusik" ist nicht vorstellbar.

▶ MANGA – WE COULD BE THE SAME
Die İstanbuler Kultband trat 2010 mit dem Titel beim Eurovision Song Contest an, ihre Konzerte sind stets ausverkauft.

Den Soundtrack zum Urlaub gibt's auf ***Spotify*** unter ***MARCO POLO Turkey***

Oder Code mit Spotify-App scannen

AB INS NETZ

METRO ISTANBUL
Die App umfasst das U-Bahn- und Fährnetz der Stadt und findet für dich die nächste Haltestelle bzw. den nächsten Anleger; Offline-Nutzung möglich.

ISTANBULMUZELERI.GOV.TR
Offizielles Portal der İstanbuler Museen mit Beschreibungen, Öffnungszeiten u. v. m.

BITAKSI
In der App des unabhängigen Taxinetzes siehst du die nächsten freien Wagen und kannst online einen bestellen. Nur die Taxistände am Flughafen haben ein Monopol, so dass du dir dort kein anderes Taxi rufen darfst.

BILETIX.COM
Hier kannst du für alle Veranstaltungen Tickets erwerben. Suchfunktion mit Kalender, Orten und Genres. Das Ticket wartet dann an der Abendkasse.

IBB CEPTRAFIK
Mit der offiziellen App der Kommune kannst du die Verkehrssituation checken: Von grün bis knallrot leuchten dann die Straßen und Brücken auf.

TRAVEL PURSUIT

DAS MARCO POLO URLAUBSQUIZ

Weißt du, wie İstanbul tickt? Teste hier dein Wissen über die kleinen Geheimnisse und Eigenheiten von Stadt und Leuten. Die Lösungen findest du in der Fußzeile. Und ganz ausführlich auf den S. 20–25.

❶ Wie viele Schiffe passieren täglich den Bosporus?

a) 40
b) 80
c) 140

❷ Was macht Daniel Craig in dem Bond-Thriller „Skyfall" am Großen Basar?

a) Er badet mit einem Doppel-Agenten im Hamam.
b) Er fährt mit einem Motorrad über die Dächer.
c) Er geht gar nicht zum Basar.

❸ Rund wie viele Deutsche leben am Bosporus?

a) 30 000
b) 15 000
c) 50 000

❹ Woher kommt der türkische Tee?

a) Immer noch aus China
b) Aus dem östlichen Schwarzmeergebiet
c) Aus den Plantagen südlich İstanbuls

❺ Wie lange braucht die Fähre von Europa nach Asien?

a) Ca. eine Stunde
b) Eine gefühlte Unendlichkeit
c) 10–15 Minuten

Lösungen: 1c, 2b, 3a, 4b, 5c, 6b, 7c, 8c, 9b, 10b, 11a, 12b

Noch eine Frage: Was bekommt man im Großen Basar eigentlich nicht?

❻ Was bedeutet „köy"?

a) Stadt
b) Dorf
c) Fluss

❼ Wovor flohen eigentlich die Weißrussen nach İstanbul?

a) Vor dem Sibirischen Winter
b) Vor den Mongolenstürmen
c) Vor der Oktoberrevolution

❽ Was machen die İstanbuler beim Promenieren am liebsten?

a) Sonnenblumenkerne essen
b) Auf ihr Handy schauen
c) Beides

❾ Wie heißt das Museum des Romanciers Orhan Pamuk?

a) Museum der Verlorenen Zeit
b) Museum der Unschuld
c) Museum der Literaturgeschichte

❿ Woher leitet sich der Name „İstanbul" ab?

a) Vom byzantinischen „Konstantinopel"
b) Vom griechischen „Stin Polis" (Zur Stadt)
c) Vom arabischen „Al-Sataan Boul"

⓫ Wie viele Brücken gibt es über dem Bosporus?

a) 3
b) 2
c) 7

⓬ Was versteht man unter „Alışveriş Merkezi"?

a) Wochenmärkte
b) Shoppingmalls
c) Flohmärkte

REGISTER

LOB ODER KRITIK? WIR FREUEN UNS AUF DEINE NACHRICHT!

Trotz gründlicher Recherche schleichen sich manchmal Fehler ein. Wir hoffen, du hast Verständnis, dass der Verlag dafür keine Haftung übernehmen kann.

MARCO POLO Redaktion • MAIRDUMONT • Postfach 31 51
73751 Ostfildern • info@marcopolo.de

Impressum
Titelbild: Marmaragebiet, Blick über die Dolmabahce-Moschee (huber-images: R. Schmid)
Fotos: R. Hackenberg (68, 78); huber-images: M. Bortoli (12/13), G. Cozzi (43, 80/81), A. Serrano (6/7, 44), J. Wlodarczyk (140/141); Laif: Butzmann (121), F. Heuer (71, 73, 102), M. Tueremis (70, 86, 110/111); Laif/Aurora: S. Outram (66); Laif/hemis.fr: G. Gerault (51); Laif/NARPhotos: K. Uzel (90); Laif/Redux/VWPics: L. Vallecillos (92/93); Look: S. Lubenow (14/15), I. Pompe (100/101); Look/age fotostock (31); mauritius images: Kord (2/3), R. Mattes (38); mauritius images/Alamy: A. Altun (9), J. Angove (131), P. Forsberg (53), A. German Vilela (112/113), T. Graham (89), G. Hellier (17), E. Kalinbacak (21, 35), Ali Riza Özçelik (56), I. Özdere (10, 104/105), D. Pearson (24), A. Segre (138/139), E. Spiler (76), H. Tanak (8), C. Wiens (22, 106/107); mauritius images/Alamy/ Efesenko (11); mauritius images/Alamy/Alamy Stock Photos: A. Aleksenko (61), Y. Rusev (47), S. Tolmachev (48); mauritius images/Alamy/Efesenko (128/129); mauritius images/Alamy/Images&Stories (75); mauritius images/Alamy/MIKEL BILBAO GOROSTIAGA-TRAVELS (98); mauritius images/Alamy/Travelstock44 (62/63); mauritius images/Alamy/Zoonar GmbH (Klappe vorne außen, Klappe vorne innen, 1); mauritius images/CuboImages: R. Valterza (108/109); mauritius images/imageBROKER: F. von Poser (97); mauritius images/imageBROKER/Kljphotographic (4); mauritius images/John Warbuton-Lee: A. Copson (36/37); D. Renckhoff (26/27, 85); D. Zaptçioğlu/J. Gottschlich (143)

18., aktualisierte Auflage 2024

Autoren: Jürgen Gottschlich, Dilek Zaptçioğlu
Redaktion: Martin Silbermann
Bildredaktion: Gabriele Forst
Kartografie: © 2024 KOMPASS-Karten GmbH, A-6020 Innsbruck; MAIRDUMONT, D-73751 Ostfildern (S. 114–115, 117, 120, 125, 127, Umschlag innen, Umschlag außen, Faltkarte); © 2024 KOMPASS-Karten GmbH, kompass.de unter Verwendung von © OpenStreetMap Contributors, osm.org/copyright (S. 28–29, 33, 40–41, 49, 54, 58, 64–65, 82–83, 94–95)
Als touristischer Verlag stellen wir bei den Karten nur den De-facto-Stand dar. Dieser kann von der völkerrechtlichen Lage abweichen und ist völlig wertungsfrei.
Gestaltung Cover, Umschlag und Faltkartencover: bilekjaeger_Kreativagentur mit Zukunftswerkstatt, Stuttgart; Gestaltung Innenlayout: Langenstein Communication GmbH, Ludwigsburg
Spickzettel: in Zusammenarbeit mit PONS Langenscheidt GmbH, Stuttgart
Konzept Coverlines: Jutta Metzler, bessere-texte.de

Printed in Poland

MARCO POLO AUTOREN

DILEK ZAPTÇIOĞLU UND JÜRGEN GOTTSCHLICH

Dilek Zaptçioğlu, die hier geboren wurde, und Jürgen Gottschlich leben als Journalisten und Schriftsteller seit Ende der 1990er-Jahre in İstanbul. Mit Spannung beobachten sie die Veränderungen der Stadt. Dabei entstehen u. a. Reiseführer wie dieser MARCO POLO Band, für den das Paar schon auf der Internationalen Tourismusbörse Berlin ausgezeichnet wurde.

BLOSS NICHT!

FETTNÄPFCHEN UND REINFÄLLE VERMEIDEN

UNBESEHEN SCHNAPS KAUFEN

Wegen der hohen Mehrwertsteuer werden Schnäpse in der Türkei vermehrt schwarzgebrannt. Tödliche Methylalkoholvergiftungen sind die Folge. Kauf deinen Rakı deshalb mit Zollverschluss regulär im Laden.

BAD IM BOSPORUS

Auch wenn es an heißen Sommertagen verlockend erscheint: Der Bosporus hat eine starke Strömung und ist nur etwas für Kenner. Ein Sprung ins Wasser kann lebensgefährlich sein.

AUF DER STRASSE ZU ZÄRTLICH SEIN

Der Austausch von Zärtlichkeiten im öffentlichen Raum ist bei Türken nicht gern gesehen. Das gilt zumindest als schlechtes Benehmen, kann aber auch böse Blicke oder eine rüde Zurechtweisung zur Folge haben. Also: Auch wenn die Romantik İstanbuls dich beflügelt – Küsse lieber im Hotelzimmer austauschen!

AUF SCHLEPPER HEREINFALLEN

Du brauchst nur durch den Großen Basar oder den Park vor der Blauen Moschee zu bummeln und schon machst du die Bekanntschaft eines *korsan* (Piraten). Lass dich nicht anquatschen und abschleppen, das wird in der Regel teuer.

DER SPUR DER STEINE FOLGEN

Antike Stücke auszuführen ist streng verboten. Selbst arglos aufgesammelte „interessante" Steine können bei der Ausreise zu großen Problemen führen. Lieber Finger weg von allem, was alt ist.